ハンカチ王子と老エース

奇跡を生んだ早実野球部一〇〇年物語

門田隆将

講談社

早実野球部100年の
歴史に輝くエースたち

SAITO YUKI

斎藤佑樹

平成18年　第78回 センバツ大会 ……… ベスト8

平成18年　第88回 選手権大会 ……… 優勝

SHIMAZU MASAO

島津雅男

昭和6年　第17回 選手権大会 ……… 1回戦敗退
右はマネージャーの加島平治（戦死）

OH SADAHARU
王 貞治

昭和31年　第38回 選手権大会
……… 2回戦敗退
昭和32年　第29回 センバツ大会
……… 優勝
昭和32年　第39回 選手権大会
……… ベスト8
昭和33年　第30回 センバツ大会
……… ベスト8

ARAKI DAISUKE
荒木大輔

昭和55年　第62回 選手権大会
……… 準優勝
昭和56年　第53回 センバツ大会
……… 1回戦敗退
昭和56年　第63回 選手権大会
……… 3回戦敗退
昭和57年　第54回 センバツ大会
……… ベスト8
昭和57年　第64回 選手権大会
……… ベスト8

三年間汗を流した早実グラウンドに視線を送る斎藤佑樹（夏の大会終了後、送迎バスにて）

ハンカチ王子と老エース

奇跡を生んだ早実野球部100年物語

contents

ブックデザイン
緒方修一

カバー写真(表)
霜越春樹

ハンカチ王子と老エース

奇跡を生んだ早実野球部一〇〇年物語

プロローグ

一人の老人が、静かに手を合わせていた。

遠くから静寂に溶け込むように微《かす》かな電車の音が響いてくる。蟬《せみ》の声も、チキチキと飛ぶバッタの羽の音も、すべてが暮れかかった夏の空に染み込んでいた。

まだ終戦の混沌《こんとん》と喧噪《けんそう》が覚めやらない昭和二三年に開かれた都営小平《こだいら》霊園は、総面積およそ六五万平方メートルにも及ぶ都内有数の広大な霊園である。

西武新宿線の小平駅から徒歩五、六分という足のよさもあってか、その人気は今も高い。整然と並んださまざまな色や形の墓石さえ気にとめなければ、一瞬、閑静な住宅街に迷い込んだのではないか、という錯覚すら感じさせる佇《たたず》まいである。

日中の最高気温こそ三三度に達したものの、それでも旧盆を過ぎ、ほんの一週間前に比べれば日差しが随分と和《やわ》らいできた。

平成一八年八月二一日。

汗ばんだ首筋に、夕暮れの陽光が淡く反射していた。老人は微動だにせず、長時間、墓に語りかけてきた。

この夏、何度足を運んだことだろう。

手を合わせながら、今年七三歳となった和田勇《いさむ》は、ついひと月前まで、墓の主《あるじ》にこんな報告ができることを、夢にも思わなかったことを噛《か》みしめていた。

「明《あきら》、ついにやってくれたぞ、よく見守ってくれたな。ありがとう、そして、おめでとう」

丸い円に三本の横線が入った「九つ割り三つ引き」と呼ばれる珍しい家紋が彫られた御影石《みかげいし》の墓石には、

「和田家之墓」

と刻まれている。金縁の眼鏡の奥に光る優しい眼差しは、墓に眠る四つ違いの弟・和田明（享年五四）に瓜二つである。

血の通った肉親、特に男の兄弟同士は、年齢を経るごとに驚くほど似てくるものである。肉づきのよかった弟。一四年前に他界した弟がもし生きていれば、兄のほうが目方《めかた》こそ劣るものの、おそらくそっくりだったに違いない。

故・和田明は、昭和四〇年に二七歳で伝統校・早稲田実業《わせだじつぎょう》の野球部監督に就任し、二七年間にわたってその指揮を執《と》った高校球界の名将の一人である。

平成四年三月二一日、クモ膜下出血のために急逝した。亡くなるその時まで、早稲田実業野球部の全国制覇を夢に見、文字通り、命を賭《か》けた男だった。

一時間あまり前、遠く離れた阪神甲子園球場では、その早稲田実業が見事、悲願の全国優勝を成し遂げていた。

監督は、和田が手塩にかけた教え子、和泉実《いずみみのる》（四五）である。

「八八回待ちました。その歴史で勝てました！」

テレビ画面を通じて、その和泉の絶叫が全国に流れたばかりだった。

勇は、そのテレビ画面が涙で霞《かす》んで見ることができなかった。何度、見ようとしても溢《あふ》れ出る涙で、どうしても網膜に映像を結ぶことができなかったのである。

「やったぞ、やったぞ。明、……おまえの教え子がついにやってくれたぞ。全国制覇だぞ……おめでとう、本当におめでとう……」

和泉のインタビューが流れるテレビの音声を耳にしたまま、勇は眼鏡をはずし、ひたすらタオルで眼をこすりつづけた。

その直後、勇は小平霊園にやってきた。

勇の自宅は、霊園から自転車で一五分ほどの東京都東久留米《ひがしくるめ》市にある。

海運会社に勤め、若い頃は外国航路に一ラウンド三ヵ月というサイクルで乗り込んでいた勇は、数年前から関連会社の役員も降り、今は悠々自適の老後をおくっている。

この夏、連日、勇は弟の墓に参った。それも、一日に一回ではない。予選の西東京大会から始まり、早稲田実業の試合がある日は、その朝と、そして試合が終わったあとの二回、必ずやって来るのである。

もちろん、この日も二回目だった。

試合前に勇は、これから生徒たちが戦いの場に臨むことを報告する。しかし、勇は、

「勝たせてやってくれ」

と、拝んだことは一度もない。

これから、お前の後輩たちがグラウンドに立つぞ。おまえが教えてきた早実《そうじつ》の野球がグラウンドで発揮できるように、どうか見守ってやってくれ。いつもどおりの気持ちで、生徒たちがプレーできるように守ってやってくれ。

勇は、それだけを言いに来るのだ。そして、試合が終わると、

「生徒たちが、また立派に試合をしてくれたぞ。早実らしい見事な試合だったぞ」

そう報告するのである。

この夏、何度通ったか。

勇は、弟が監督をしていた頃は、ほとんど早稲田実業の試合を見たことがない。どうにも息が詰まって途中から見られなくなってしまうのである。

弟が亡くなってからは、別の意味で何年も早実のユニフォームを見ることができなかった。弟の生前の姿を思い出し、つらくて仕方がなかったからだ。

平成一三年に早実が早稲田鶴巻町《つるまきちょう》から国分寺《こくぶんじ》市に引っ越し、東東京大会から西東京大会に転じた頃から、やっと見ることができるようになった。

それでも七月三〇日の西東京大会の決勝戦、日大三高との激闘が延長戦にもつれ込んだ時、勇は神宮球場で息が詰まってしまい、それ以上見ることができなかった。

内野席から観客が溢れ出し、高校野球の試合としては二三年ぶりに開放されたという神宮の外野席で応援していた勇は、延長一〇回、日大三高が一点を勝ち越した時、いたたまれなくなって球場をあとにしている。

「明が監督をしていた頃と同じだ」

球場を出る時、勇は、弟が亡くなって一四年も経つというのに、早稲田実業が追い詰められると、胸が苦しくなってしまう自分が不思議でならなかった。

勇には、どうしても忘れられない弟の言葉がある。

「兄貴、俺は監督を辞めようと思う」

明が亡くなる五年前、昭和六二年のことだった。勇は、突然、そう打ち明けられたことがあるのだ。

和田明は、勝負の鬼だった。

しかし、その内に秘めた激しい闘志を誰にも悟られたことがない。がむしゃらな闘争心とは最も無縁な、温厚で、物わかりのいい野球指導者だと思われていた。教え子たちは、

「和田監督は僕たちを大人として扱ってくれた。なにがなんでも甲子園へ、という剝き出しの根性論など、一度も聞いたことがありません」

と、口にする。

だが、実際には、早実悲願の全国選手権制覇は、和田の生涯の目標だった。生徒を一人前の人間に育て上げることとともに、和田は、この夢を見つづけた。

二七歳で母校の監督に就任以来、和田の生活は一変した。その生涯の目標を達成するために、和田家は「父のいない家庭」となった。

勇がいう。

「明の家には、娘が三人いました。休みの日に父親がいないというのは、子どもにとっては寂し

いものです。夏休みなんかは特にそうです。でも明は、甲子園には出られなくても、夏休みも合宿や練習試合のスケジュールがびっしり詰まっていますから、子どもをどこかに連れていってあげることなど、とてもできません。その代わりは、私がしました。うちの息子と一緒に、旅行につれていってあげたり、いろいろさせてもらいましたよ」

そんな和田の家庭を守ってきた明の妻・歌子《うたこ》が亡くなるのは、昭和六二年九月のことだ。肝臓ガンだった。

武蔵野《むさしの》赤十字病院に入院した歌子は、半年余りの闘病の末、三人の娘を残したまま、世を去るのである。歌子が息を引き取ったのは、翌春の選抜甲子園の選考資料となる秋季東京都高校野球大会が開幕する前日のことだった。

勝負の世界に身を置く和田にとっては、家族の病気さえ、表沙汰《おもてざた》にはできなかった。この時、チームは、秋季大会へ最後の追い込みをかけていた。

和田は、それでも歌子の最後の一週間を病院に泊まり込み、夜を徹して看病し、夫婦の会話をかわしている。

最愛の妻・歌子が先立つことを明はどれほど悔やみ、申し訳なく思っただろうか。そんな闘病生活がつづく中で明は、もっとも心を許していた兄・勇に、

「兄貴、俺は監督を辞めようと思う」

と、ポツリと漏らしていたのである。

監督を辞める——甲子園の全国制覇に賭けていた和田の苦渋《くじゅう》の決意を、もう一人聞いていた人物がいる。

昭和四四年に早実野球部の副部長となり、四五年から六〇年までは野球部長として、和田と二人三脚で歩んできた早稲田実業の元社会科教諭、大森貞雄《さだお》（六七）である。

「歌子さんが亡くなる三ヵ月ほど前でした。和田さんから、話がある、と連絡がきましてね」

と、大森がいう。

「家に来るかい？　って聞いたら、外で会いたいというので、新所沢《しんところざわ》の喫茶店で待ち合わせたんです。そうしたら会うなり、〝大森さん、歌子がなあ〟、と和田さんが話し出したんです」

和田の目は真っ赤だった。

「日赤病院で肝臓ガンだと言われた。歌子は助からない。もって六ヵ月だそうだ」

和田はそういった。そして、

「俺は今まで女房孝行をなに一つしていない。せめて歌子を看取《みと》ってあげたい。（歌子の）残りの人生につきっきりでいてやりたいんだ……」

大森は、言葉を失った。和田は昭和一二年四月生まれで、大森は一四年二月生まれ。野球部で長くコンビを組み、歳も近かった二人は、何でも話し合う同志のような間柄だった。

ひと呼吸おいて、和田はこういった。

「大森さん、俺は野球部を退こうと思う。監督を辞めさせてくれ」

「…………」

野球に命を賭けてきた男が、その野球を辞めようとしている。大森には、その重大さと、つらさが痛いほどわかった。

しかし、大森は、和田にこう語った。

「気持ちはよくわかる。でも和田さん、それをやって歌子さんは喜ぶのか？　あんたが監督を辞めて自分の横にいることを、歌子さんは喜ぶんだろうか」

大森は、和田の妻・歌子のことをよく知っていた。和歌山出身で明るい性格の歌子は、夫に家庭の心配を一切させず、思う存分、自由に野球をやらせてきた妻だった。野球に打ち込む夫の姿を見るのが、なにより嬉しい妻だったのだ。

「………」

和田は大森の言葉に何も応えなかった。

「もし、それで歌子さんが元気になって元の身体《からだ》に戻るんだったら、（監督を）辞めたほうがいいと思う。でも、きっと歌子さんは、あんたがユニフォームを着て、元気に野球をやっている姿を見るほうを喜ぶと思う」

和田は大森の話を黙って聞いていた。大森の目にも涙が溢れた。

「なあ、和田さん。もう少し、頑張ろうよ。ノックもあんたじゃなくて若いＯＢにやってもらおうよ。練習を見る負担も野球部として考えるから、なんとか、監督だけは続けてもらえないだろうか」

しばらくの沈黙の後、

「わかった……」

和田は、そういった。

「あの時は、こっちも泣けてしまいました。和田さんの気持ちは痛いほどわかりますからね。和田さんには、そう言って、やっと監督を続けてもらったんです」

と、大森は振り返る。それは、和田の最も苦しい時代を知る男だからこそ、出た言葉だったかもしれない。

大森は、生涯で二度、和田の涙を見たことがある。この時以外に、もう一度だけ、和田の涙を見ているのである。それは、名門校の監督でしか考えられない苦しみであり、早稲田実業野球部が背負った重荷を知らなければ、理解できないだろう。

早実野球部の〝冬の時代〟──昭和四〇年代、甲子園から長く遠ざかっていた時期、激しい和田排斥《はいせき》運動が吹き荒れたことがある。

早実が早稲田大学の系属《けいぞく》校となったのは、昭和三八年のことである。以後、早実の入試は年々、難しくなり、野球選手をとることが次第に思うに任せなくなっていった。かつての野球学校が、欲しい選手をなかなか集められない苦しみに喘《あえ》ぐようになったのである。

名門早実が冬の時代に突入し、苦しみ、もがき始める時期の昭和三九年秋に指揮を執り始めた（正式な監督就任は四〇年一月）のが、和田だったのだ。

その時二年生で、和田早実の〝初代キャプテン〟となった大矢明彦（五八・現横浜ベイスターズ監督）はこう述懐する。

「当時、和田さんはまだ二七歳で、兄貴のような存在でした。就任するなり、お前、キャプテンやれ、と言われたのを記憶しています。和田さんの指導は、実戦的なものが多かった。ただ単に素振りをやらせるのではなく、〝こうすれば内野の間を抜ける〟〝こうやった方が確率的にヒットが出やすい〟という指導でした。

和田さんは僕らにも、なにがなんでも勝ちたい、とは言わなかった。でも、早実は高校野球界を引っ張る洗練されたチームでなければならない、とは教えられました。野球は、勝たなければ何も言えない世界です。和田さん本人が、いちばん勝ちたかったと思いますよ」

だが、和田の熱心な指導にもかかわらず、早実は甲子園に出場できなかった。

就任して丸一〇年もの間、和田は母校を一度も甲子園へ連れていくことができなかったのである。しびれを切らしたOBや関係者の間から、

「和田では甲子園へ行けない」

「あいつには疫病神《やくびょうがみ》がついている」

という言葉が聞かれるようになった。そして、ついには昭和四〇年代の終わり、早稲田実業中学の野球部から、「和田監督の下では甲子園は、無理」と、ライバル校に進学する有力選手まで出始めるのである。

中高一貫の学校にもかかわらず、高校から選手が逃げていく——野球名門校にとって、まぎれもない異常事態だった。排斥運動の過程では、和田の家に、

「お前みたいな奴、辞めちまえ」

という嫌がらせ電話がかかってきたこともあった。大森の家に同じような電話がかかってきたこともある。いくら家族を犠牲にして戦おうが、結果が伴わなければ勝負の世界では、何の評価も得られない。高校野球指導者が置かれた非情な一面である。

大森は、こう述懐《じゅっかい》する。

「排斥運動は、ついに当時の滝口宏校長にまで届き、私は呼び出されて、君はどう思うか、と聞かれたんです。私は、結果的に甲子園に出てないだけです。野球はグラウンドで勝負するだけで

はありません。和田さんは、生徒を人間としてどう育てるべきかを考えている人です。絶対辞めさせてはいけないと思います、と意見を言わせてもらいました」

大森は、もし、和田を辞めさせるなら、まず自分のクビを切ってからにしてください、とまで言ったという。

「わかった。現場の君がそう言うなら間違いないだろう。(排斥運動には)耳を傾けないよ」

滝口校長はそういって、納得したという。

その翌年の昭和五〇年夏、早稲田実業は、坂本宏行─有賀《ありが》佳弘《よしひろ》のバッテリーで、強豪日大一高を東東京大会決勝で八対二と下し、実に一五年ぶりの選手権出場を勝ち取るのである。

和田にとって、あまりに長く険しい甲子園への道のりだった。

「出場を決めた晩、関係者との飲み会が終わって、夜遅くにやっと二人っきりになったんですよ。池袋の居酒屋でした。私が、つらかったよね、ご苦労さん、としみじみ言うと、和田さんは泣きました。いいよね、あんたの前だから(泣いても)いいよね、って……。二人で手を握り合って、あの時は、ほんと僕も泣いたよ……」

その後、この出場をきっかけに昭和五〇年代、早稲田実業は、毎年のように甲子園に出場するようになる。

「それから和田さんは、押しも押されもしない名監督になっていきました。でも、あの苦しい時期のことは、やっぱり忘れられないんです」

和田が甲子園の名将の一人となるまでの苦労を、大森は、そう語るのである。

だが、和田は、早稲田実業の悲願の全国制覇を見ることなく逝った。和田に限らず、早実の優勝を夢見ながら亡くなった関係者は数多い。

優勝インタビューで、「八八回待ちました」と叫んだことを、和泉は今、こう振り返る。

「早実の長い歴史がなければ、この全国優勝はありませんでした。その意味では、この言葉は、誰かが私に言わせたのかもしれませんね。そして私は、自分たちが優勝できたのは、もう一つ、和田さんの遺言《ゆいごん》のおかげだと思っているんです」

早実の長い歴史と和田が残した遺言——それこそが、早稲田実業優勝の大きな理由であったと、和泉は語るのである。

そもそもハンカチ王子・斎藤佑樹《さいとうゆうき》はなぜ早稲田実業にやって来たのか。なぜ早実の長い歴史によって勝てたのか。そして、和田が残した遺言とは何だったのか。

早実優勝の裏には、さまざまな因縁《いんねん》と運命の糸が複雑にからみあったドラマがあった。

なぜ奇跡の全国制覇は成し遂げられたのか。

それを理解するためには、中等学校時代も含めて、日本の高校野球の歩みそのものともいえる早稲田実業野球部の「苦闘の歴史」を繙《ひもと》かなければならない。

第一章

成し遂げた全国制覇

9回表、斎藤佑樹は最後のバッター・田中将大を空振り三振に斬って取った。
平成18年8月21日、全国高等学校野球選手権大会決勝再試合、対駒大苫小牧戦。

運命の対決

それは、まさに地鳴りだった。

甲子園球場を包んだ悲鳴と熱気、そして視線――。摂氏三五度を超えた灼熱《しゃくねつ》の甲子園が、ここ何年も味わったことのなかった緊張感に支配されていた。

「頼む……頼む」

一人の若者の右腕に、創部一〇〇年の悲願が込められていた。

アルプススタンドから溢《あふ》れ出た早実OBや関係者、そしてファン……、何万という人間が身体《からだ》の中から発散させる熱気は、色で譬《たと》えれば何色になるのだろうか。

霞《かす》むような白さが一瞬、靄《もや》に目がくらんだかのような錯覚さえ覚える炎熱の甲子園球場。隣の客と肘《ひじ》が接するほど溢れかえった人々は、それぞれの思いで、マウンドを凝視していた。

マウンドからホームプレートまでの距離一八・四四メートル。このバッテリー間を、わずか〇・四秒で切り裂くその若者の豪球を、固唾《かたず》を呑《の》んで五万人の観客が、そして数千万人がテレビを通じて見守っていた。

五万の人間の出す叫びやざわめきが、バックネット裏の銀傘《ぎんさん》に跳ね返って、甲子園の空間を一種異様な雰囲気に変貌させていた。これこそがどの球場でも味わえない甲子園だけが持つ独特の「空気」である。

平成一八年夏、第八八回全国高等学校野球選手権大会決勝戦。

昭和六、七、八年に中京商業《ちゅうきょう》が成し遂げた甲子園三連覇という不滅の大記録に七三年ぶりに王手をかけた北の強豪・駒大苫小牧《こまだいとまこまい》と、最後に立ちはだかった古豪・早稲田実業との死闘は、大詰めを迎えていた。

端正な顔だちと優しい眼差《まなざ》しとは裏腹に、激しい闘争心を内に秘めた若者——斎藤佑樹は、甲子園のマウンドに仁王立ちしていた。

バッターボックスには、三連覇を目指す駒大苫小牧のエース田中将大《まさひろ》。一八五センチ、八三キロの恵まれた身体に、らんらんとした闘志を漲《みなぎ》らせていた。

田中は、バッターボックスに向かう時、

「野球の神様がこの場面をつくってくれた」

と、思った。九回裏二死、四対三、早実のリード。

甲子園決勝という選ばれた者だけに許された極限の勝負の世界が、最後の最後にこんな舞台を用意してくれたのだ。自分と斎藤に——。

「やっぱりいるんだ、野球の神様って……」

田中は打席に入る時、そんなことを改めて考えた。すると、思わず、ふっと笑みが零《こぼ》れたのだ。それは、勝負の世界では不釣り合いにも見える笑いだった。

日頃、雄叫《おたけ》びをあげながら、球速一五〇キロ近い豪球を投げ込む田中。しかし、その前面に出る闘志とは違って、田中の内面の冷静さは、高校生には珍しいものだろう。

異常な熱気と緊張感が支配した甲子園の檜舞台《ひのきぶたい》で、田中は激しい気迫と同時に、客観的で落ち着いた冷静さをもって打席に入っていたのだ。

「田中が笑っている」

マウンドの斎藤は、この時の田中の笑みを見逃さなかった。

これから「真剣」を手にして斬《き》り結ぶ二人。

誰もが震えるような興奮で手に汗を握る中で、当事者の二人だけは、音も何もない真空状態の中にいたのである。

「これは運命だ」

田中が笑みを漏らす姿を見て、斎藤はそう思った。この直前、ノーアウトから三番中沢竜也《りゅうや》にバックスクリーン左に一点差となるツーランホームランを叩き込まれた時、斎藤は、

「これで最後は田中との勝負になる」

と、考えている。四番本間《ほんま》篤史《あつし》、五番岡川直樹、そして六番田中将大……。

本間を三振、岡川をセカンドフライに打ち取った斎藤は、その思い通り、最も待ち望んだ敵を迎えたのである。斎藤は、これこそ「運命だ」と感じたのだ。斎藤は、田中将大のことを、

「尊敬しているのかもしれない」

という。

田中将大との勝負。

同世代の中で、誰もが認める最大最強のピッチャー。二年生の時から、一五〇キロを超える速球と一四〇キロ近い高速スライダーを武器に、高校球界に君臨した駒大苫小牧のエースである。

初めて前年の明治神宮大会準決勝で相《あい》まみえて以来、およそ九ヵ月。あの雄叫びも、見るものを萎縮《いしゅく》させるに十分な気迫と気力も、斎藤にとって過去のものではない。

田中と闘うために、自分はこの場にやってきたとさえ考えていた。

この時、斎藤は心に決めていた。

「最後の球はストレート。外角の速球で勝負する。高校三年間でいちばん練習したこの球で」

折り畳んだ青いハンドタオルで、几帳面《きちょうめん》に顔の汗を拭《ふ》くことからついた愛称・ハンカチ王子。その優しい目からは想像もつかない斎藤の激しい闘志は、マウンドの上で、行き場を求め、暴れ、煮えたぎっていた。

「俺は絶対に悔いを残さない」

斎藤は、この言葉を胸に練習に励み、試合に臨んできた。それは、甲子園決勝という土壇場が来ても同じである。

悔いを残さない――そのためには、田中を打ち取ることだけではない。その最後の球は、ストレート、しかも、それは、自分が高校生活で、苦しみ抜いて練習してきた「外角のストレート」でなければならなかったのだ。

甲子園で勝敗を分けるのは、目に見えない何かである。

人間の眼ではわからないわずかの差が天と地ほどの明暗を分けてきた。

その差を分かつのは技術なのか、気迫なのか、それともその選手が持って生まれた運なのか。

それは誰にもわからない。

しかし、確かなのは、夏の甲子園が戦前戦後を通じて八八回を数え、その回数だけの栄光と挫折をそれぞれの球児たちにもたらしてきたという事実である。

甲子園は、時代が変わり、世相や価値観の変転を経た今も、国民の人気と関心を捉《とら》えて離さない。若者たちの迸《ほとばし》る歓喜と、そしてそれとはまったく逆の無念の思いが、時を超えて多くの人に感動を与えてきたのである。

「何が何でも塁に出る」

田中は、バットのグリップを握り直しながら、そう考えていた。絶え間のない歓声が田中の耳にひっきりなしに入ってくる。

「すごい声援だな……」

田中将大は、昨年夏の優勝投手である。この場面が来ても不思議なほど落ち着いていた。くぐってきた修羅場《しゅらば》の数なら誰にも負けない。田中は、土壇場での緊張よりも、冷静さのほうが上まわっていた。

バッテリーが感じた「その時」

一球目、内角のスライダー！　田中はフルスイングで応えた。

次の瞬間、ボールはガンッという音とともにバックネットにぶつかった。

ファウル。

斎藤は一二九キロのスライダーから入ってきたのである。

二球目、またスライダーだ。今度は低めだった。

空振り！

田中の身体《からだ》が一回転した。明らかに、ストレートを狙っていた。タイミングが外れたのである。

二ストライク・ノーボール。田中は追い込まれた。

だが、田中からまた、薄く笑みがこぼれた。いよいよ追い込まれながら、それでも田中は、野球の神様がこの先をどうするのか、ふと興味を抱いたのである。

だが、そんな感傷に浸《ひた》る余裕はない。勝負は観衆の声援と絶叫のなかでさらにつづく。

三球目！　内角高めのスライダーだ。

ファウル。サード側のファウルゾーンに田中の打球が飛ぶ。

「勝負」

ここで斎藤は、渾身《こんしん》のストレートを投じる。

外角。高校生活で最も練習してきた、そのボールである。

一四七キロ！　スコアボードに表示された数字に観客がどよめいた。

「ボール！」

球審・赤井淳二《じゅんじ》の声が響いた。田中のバットは動かなかった。

決勝に入って二四イニングス目。計二九三球も投げているのに、斎藤の肩は疲れを知らないのか。だが、斎藤は冷静に、「さすがだ」と、感心していた。宿敵田中がこのボールを見逃したことに、改めて敵の偉大さを感じた。

通常なら、スライダーがつづき、次にあのコースに一四七キロものスピードボールが来れば、バッターは手を出すものである。

だが、田中のバットはここでも、落ち着きを失っていなかった。平然と、まさに平然と、その斎藤の勝負球を見送ったのである。

五球目。バッテリーは、再び、スライダーを選択した。内角高めだ。

「来たっ」

田中がスイングに入る。一二九キロの内角高めのスライダー。フルスイングだった。だが、ボールは田中のイメージとは逆に、フライとなってバックネットへ。打ち損じだ。しかし、

「まずい」

この時、すかさず立ち上がったのは、キャッチャーの白川英聖《しらかわひでまさ》のほうだった。白川はマウンドへ走り、斎藤にひと言、声をかけた。

「気をつけろ。低めでいこう」

白川の頭にあったのは、六回の駒大苫小牧のトップバッター、三谷忠央《ただお》が放った一点差に迫られるホームランである。白川がいう。

「スライダーというのは、タイミングさえ合えば、すごく飛びます。スライダーの軌道は、バットの軌道に合いやすいんです。だから、空振りも取れるかわりに、長打の危険性もある。六回の三谷のホームランがまさにそれでした。三谷のスイングの軌道が合っていて、片手で払っただけなのに、バックスクリーン横まで運ばれたんです。斎藤のスライダーを見て、田中のスイングに軌道が合いかけている、これは危ない、と思ったんです」

一発がある田中。ここでホームランを打たれては元も子もない。

警戒せよ——白川の危険信号が点滅し、マウンドへ駆け寄らせたのである。

うなずいた斎藤は、くるりとセンターのほうを向き、自分を落ち着かせるように二度三度と手

でボールをこすった。再び戦闘モードに入った斎藤に、白川はまたもスライダーのサインを出した。

六球目。首をタテに振る斎藤。

今度のスライダーは内角の厳しいコースだった。泳ぎながらやっとファウルする田中。白川のアドバイスが功を奏したのである。しかし、斎藤は、いよいよ、

「その時」

を感じていた。行く。ここで行く、ストレートだ。それも外角の——。

バッテリーは期せずして、「その時」を感じていた。

白川のサインはストレート。一発で首をタテに振る斎藤。

「いよいよだ」

高校生活で最も練習してきた外角のストレートを投げる「時」だった。

斎藤が投球モーションに入ると同時に、ミットとともに外へ移動する白川。

「ここへ投げてこい！　斎藤！」

白川は心の中で叫んだ。あれだけの喧噪《けんそう》がピタリと止んだ。

静寂。

ざわめきも音もすべてが消えた中、その高校生活で「最も練習した」ストレートは、白川のミットに唸《うな》りをあげて吸い込まれていった。

フルスイングの田中。空振り三振！

ゲームセット！　白川がミットを高くつき上げた。

一瞬の静寂ののち、地鳴りのような歓声がマウンドを襲ってきた。

「やったぁ」

五万の観衆が一瞬、息を呑《の》んだあと、凄《すさ》まじい叫びと拍手がグラウンドを覆い尽くしたのだ。

その瞬間、くるりと身体を反転させた斎藤は、目をつむり、こぶしをグッと握りしめ、雄叫びを上げた。

「よっしゃぁー!」

それは、人間の身体の奥に潜む「本能」が絞り出した声だった。獣《けもの》の咆哮《ほうこう》といったほうが正確かもしれない。

胸にエンジ色のWASEDAの文字が躍る白いユニフォームが、次々とマウンドに駆け寄った。一人、二人、三人……内野から、そして外野から、選手たちが疾駆《しっく》してくる。

「ああ、やっと終わった。高校野球がこれで終わった」

後藤貴司《たかし》と檜垣皓次朗《ひがきこうじろう》がそんな思いで斎藤に飛びつけば、レフトの船橋悠《ゆう》は、ひたすら、

「早く、早く……」

と考えながら、マウンドめがけて疾走していた。数秒後、選手たちのユニフォームが重なり、一つの白い塊になった。

「やったあー」

「やったぞぉ」

「日本一!」

みんなが叫んでいた。マウンドで高々と指を突き上げ、勝利の喜びを爆発させた。

「真っ白になっていました。気がつくとみんながまわりにいて指を突き出していました」と、斎藤。誰かれなく、仲間の背中を、肩を、胸を、それぞれが叩いていた。アルプス席では、控えの野球部員たちが白いメガホンを突き上げ、歓呼の声をあげていた。

どんなピンチでも、どんな緊迫の場面でも、一度も表情を変えることがなかった斎藤が、白い塊の中心で、雄叫びをあげていた。

溢れ出た涙の意味

それは、突然の涙だった。

都のいぬゐ早稲田なる
　常磐《ときわ》の森のけだかさを……

創部一〇二年目の早稲田実業野球部。その校歌が、史上初めて夏の選手権決勝で流れ、歓喜の中で歌い終わったナインは、アルプススタンドに走った。

その中で、アルプスが近づくにつれ、斎藤の目からみるみる涙が溢れ出てきたのである。「クール」と呼ばれつづけたエース。どんなピンチでも、あるいはどんな苦しみを切り抜けても、感情をあらわにすることのなかったハンカチ王子の目から、涙が流れているのだ。

斎藤が泣く――いったい、いつ以来だ。

きっとあの時以来に違いない。

そう、「あの時」。「鬼」と化すことを決心したあの時。野球の奥深さを知り、その非情な世界で生きていくことを心に決めたあの時──あれ以来の涙だった。

「スタンドが近づいてきた時に、すべてを思い出したんです。校歌の時には、〝勝った〟という感激があって、その思いで歌ったのですが、アルプススタンドが近づくにつれて、これまでやってきたことが走馬灯《そうまとう》のように頭に浮かんできました」

斎藤は、あの涙をそう説明した。

「背負っていた何かが落ちた気がしました。アルプス席には、僕たちを支えてくれたベンチ入りできなかった仲間がいた。その顔が見えてきて、涙が溢れてきたんです。僕にとって、一年ぶりの涙でした……」

斎藤の頭に次々と蘇《よみがえ》ってくるシーンの中に、斎藤が「鬼」と化すシーンがあった。

一年余り前の七月。

屈辱のコールド負けを喫した日大三高との闘いのあと、先輩とクールダウンのキャッチボールをした時に流した涙。あの場面がなぜか思い出された。

「何かが落ちたんです。肩の重みが抜けていきました。早稲田実業の一〇〇年の思いから解《と》き放たれた気がしました」

斎藤はもう一度、そういった。

斎藤の口から出た早稲田実業の「一〇〇年の思い」。そこまで、この青年に背負わせたものは何なのか。そして、斎藤が「思い出した」ものとは、何だったのだろうか。

昭和6年8月13日、全国中等学校優勝野球大会1回戦、早稲田実業vs.中京商業。
9回裏、早実のエース島津雅男がサヨナラヒットを打たれた瞬間の甲子園球場。

第二章　老エースの回顧

初陣・中京商業との死闘

あの乾いた音、糸を引くように三遊間を抜けていったあの当たりのことは、忘れられない。

自分にとって一瞬の、しかし、人生のなかでこの上なく悔しく、それでいて思い出深いあの光景を。

ひょっとしたら、あの時から、「この日」が運命づけられていたのかもしれない。

東京・小平市の自宅のテレビで、優勝を目前にした早稲田実業のピッチャー、一八歳の斎藤佑樹の姿を見ながら、島津《しまづ》雅男《まさお》（九二）はそんなことを考えていた。

七五年前の八月、島津は、斎藤が立つ同じ甲子園のマウンドにいた。しかも、同じユニフォームを着て。

昭和六（一九三一）年八月一三日木曜日。

それは甲子園の歴史にとっても、特筆されるべき日となった。

その後、現在に至るまで破られていない高校野球史上不滅の大記録といわれる「甲子園三連覇」という偉業が、まさにスタートする日であったからだ。

東都の名門早稲田実業と、初出場にして東海の雄と謳《うた》われる愛知の中京商業。

両雄の激突が、第一七回全国中等学校優勝野球大会の開会式当日の第三試合で、早くも実現したのである。

早稲田実業のエースは、四番で主将も兼ねる、チームの大黒柱・島津。中京のエースは、今も破られていない甲子園での勝ち星数二三（通算成績二三勝三敗）を挙げることになる大投手・吉田正男《よしだまさお》（明治大学から藤倉電線）である。

二人のマサオは、母校の栄誉と郷土の期待を担《にな》って、相譲《あいゆず》らぬ好投をつづけていた。

七年前の大正一三年に完成したこの東洋随一《ずいいち》の巨大な野球場は、植栽されたツタがやっと根づき、すり鉢《ばち》の底に小山のように盛り上げられたマウンドとともに、関西の熱狂的な野球ファンの聖地となりつつあった。

昭和六年――この年は、軍部の台頭と横暴が国民の前に顕在化したという点で、昭和史の中でも特に重要な意味を持っている。

前年の一一月には、ライオン宰相の異名を持つ浜口雄幸《おさち》首相が、軍縮路線に反発した右翼青年に東京駅頭で狙撃《そげき》され、翌六年三月には、軍部の一部が、陸相も兼ねていた宇垣一成《うがきかずしげ》大将を総理に押し上げるべくクーデター未遂事件（三月事件）を引き起こしている。

浜口内閣の総辞職、若槻礼次郎《わかつきれいじろう》内閣の発足と辞職、そして九月には、柳条湖《りゅうじょうこ》の満鉄線路爆破に端を発して満州事変が起こり、さらには再び軍部主導のクーデター未遂事件（十月事件）も発生するなど、日本は確実に、暗い時代への坂道を転がり始めていた。

太平洋戦争によって命を落とす大投手・京都商業の沢村栄治《さわむらえいじ》の登場には三年、伝説の左腕・海草《かいそう》中学の嶋清一《しませいいち》には六年を待たねばならない昭和六年夏の甲子園。青春のすべてを中等学校野球に賭《か》けた島津たち球児にとって、軍部主導の時代の到来をヒタヒタと感じさせる中での甲子園大会だったのである。

島津はこの時、早稲田実業の最高学年である六年生だった。実業（商業）学校の早実は、五年制だった中等学校に対して六年制を敷いていた。

当時、中等学校に進むには、尋常小学校の六年間を経てそのまま進学してくる者と、そのあと二年間の高等小学校に通ったあとで進学してくる者との二通りがあった。

つまり、新入生として同じクラスになっても、年が二つ違うのである。この年齢の男子生徒で二歳の差は大きい。今でいうなら中学三年と中学一年の男子が、同級生になるのである。

早生まれの島津は、入学時点でまだ一二歳だった。

六年制の早稲田実業は、一、二年は軟式で、硬式野球をやれるのは、三年からである。

いよいよ三年になり、軟式から硬式の野球部に移ろうという時、島津は身体《からだ》が小さいことを理由に入部を断られている。

「もっと身体をつくって来い」

島津は、のちに早慶戦や実業団野球でも活躍する名プレーヤーだ。しかし、早実時代は、一年間、硬式野球部に入ることさえ叶《かな》わなかったのである。

それから三年。最上級となった島津は身長五尺六寸《しやくすん》（約一七〇センチ）、体重一六貫《かん》五〇〇匁《もんめ》（約六二キロ）となり、エースで四番、主将として、チームを堂々、甲子園に導いたのである。

早稲田を背負った男

島津雅男は、大正三年一月二日、新宿区山吹町《しんじゅくやまぶきちよう》に生まれている。父親は建築業を営んでいた。

大正デモクラシーがやがて全盛を迎え、町中に活気が溢《あふ》れ、モダンな建物が東京市のあちこちに出現する時代、父親は人夫《にんぷ》を使い、いつも自ら先頭に立って建築現場に赴く〝棟梁《とうりょう》〟だった。

島津の生まれた年の暮れに、「ルネッサンス式」の赤煉瓦《れんが》で、今なお威容を誇る東京駅が東海道本線の起点として開業している。

関東大震災、戦災、戦後の復興、新幹線時代の幕開けなど、大正・昭和という波瀾の歴史を静かに見つめてきたこの東京駅の建設にも、島津の父は、人夫たちとともに携わっている。

住み込みも含め、豪快な江戸っ子の人夫たちが出入りする新宿山吹町の島津家はいつも賑やかだった。そんな男たちの声を子守歌代わりにして育ったのが島津である。

地蔵横丁《じぞうよこちょう》（現在の地蔵通り商店街）から道路を挟んで西側の一角は、現在、住宅街というより、小さな印刷所や出版社などがひしめき、当時の面影はほとんどない。

家から北に四、五分も歩けば、江戸川橋《えどがわばし》があり、その下には神田川《かんだがわ》の清流があった。今は文京《ぶんきょう》区関口《せきぐち》という地名になったこのあたりの水は、江戸時代には、江戸城の一部や神田、小川町《おがわまち》一帯の飲み水になったという。

江戸湾の満潮時には、海水が神田川をさかのぼり、この江戸川橋付近まで入ってくるため、江戸川橋から数百メートル上流に海水の入水をせき止める大洗堰《おおあらいぜき》という堰がつくられた。そして、この堰の上流の真水が水路を通して、江戸の市中に送り込まれたのである。

江戸時代につくられたこの堰は、別名・関口の大滝と呼ばれ、島津少年ら近隣の悪童たちの格好の遊び場となった。

切石を積み重ねて作られた大洗堰は、長さが一〇間（およそ一八メートル）、幅七間（およそ一三メートル）もあり、泳ぎの達者な子どもたちにとっては、これ以上の遊び場はなかったに違いない。

しかし、島津が九歳になった大正一二年初夏、この関口の大滝で、新聞にも大報道されるような事件が起こっている。

初代・東京駅長の高橋善一《ぜんいち》（六七）が、退官してわずか二ヵ月後に、この大滝に車ごと落ちて命を落としたのである。

皇族や政界、官界をはじめ知己《ちき》が多く、名物駅長として名を馳《は》せた高橋は、原敬《たかし》首相が東京駅で暗殺された時に先導していた駅長としても知られている。

その高橋が乗った車が故障し、突然動き出して運転手もろとも大滝に転落。数十分後に引き上げられるものの、高橋は車中でそのまま溺死するという悲運に見舞われたのだった。

島津少年はこの大騒ぎを聞きつけ、大人たちが堰の水を抜き、必死の救出活動を展開するサマを目撃している。

父親が人夫を引き連れてつくった赤煉瓦の東京駅。その初代駅長が、目の前で事故死するという奇妙な偶然。それは、その後、数々の奇跡に遭遇する島津の波瀾の生涯が予感される出来事だった。

島津少年が育った山吹町から早稲田鶴巻町一帯は、早稲田大学の〝城下町〟である。

江戸時代、大名屋敷や旗本屋敷が居を構え、その周辺にはのどかな水田地帯と茗荷《みょうが》畑が広がっていた。やがてこの地は、明治維新以後、武家屋敷が取り壊され、水田は埋め立てられ、急速に市街地化していく。明治三五年には、東京専門学校と名乗っていた早稲田大学が、現在の校名に改称し、周囲は、「早稲田の学生さん」の町へと変貌を遂げるのである。

大学正門から早稲田鶴巻町を経て山吹町へと貫く早稲田新道（現在の早大通り）にほど近いとこ

ろに住んでいた島津少年が野球に目覚めるのは、ちょっとした偶然からだった。

高橋前駅長の事故死があった頃、島津少年の家に一人の下宿人が現れた。

島津家には、裏庭を隔ててもう一軒、持ち家があった。正確には、下宿人というより、その二階家の店子《たなこ》として、「市岡《いちおか》さん」という人物が入居してくるのだ。

この「市岡さん」こそ、のちに野球殿堂入りする早稲田大学の監督、そして大日本東京野球倶楽部（現巨人軍）初代代表などを歴任する、日本の野球界を語る上で欠かせない人物、市岡忠男である。

野球体育博物館にある野球殿堂の顕彰文には、市岡のことが、こう記されている。

〈早稲田大学の主将・捕手として名声高く、後に監督を勤め、昭和六年に行われた日米野球によってわが国に職業野球（註・現在のプロ野球）の機運を作り、昭和一一年日本職業野球連盟創立とともに初代理事長として活躍し、今日の隆盛の道を拓いた功労者である〉

市岡は、初代早稲田大学野球部監督の飛田穂洲《とびたすいしゅう》のあとを受け、第二代の監督になった人物でもある。当時、早稲田大学近辺で借家を探していた三〇代前半の市岡が、偶然、島津少年の家の店子となったのである。

名門・早稲田大学野球部の青年監督――市岡が住むその借家には、藤本定義《さだよし》や森茂雄《しげお》、また日本で初めての本格ホームランバッターとして知られる田中勝雄《かつお》、速球投手・谷口五郎や、その谷口とバッテリーを組んだ悲劇の名捕手・久慈《くじ》次郎……等々、早稲田の名プレーヤーが、ひっきりなしに出入りするようになるのである。

島津少年が、野球の虜《とりこ》になるのに時間はかからなかった。

のちに日本の球史に名を残す彼ら〝早稲田ファミリー〟に野球の手ほどきを受け、やがて早稲田で野球をすることを目指す「三度の飯より野球が好き」な少年に育っていくのだ。

大正一四年「甲子園決勝」

大正一四年の八月は、島津にとって生涯忘れられない夏となる。

この時、一一歳で山吹小学校の六年生となっていた島津は、甲子園での第一一回全国中等学校優勝野球大会を観戦する幸運に恵まれるのだ。

東洋随一の阪神甲子園球場は、この前年に完成したばかりで、その威容は、遥か離れた帝都・東京市民の関心をも呼ぶほどだった。

この年、東京六大学の審判団が甲子園に招かれ、大会の審判員として試合をジャッジする役目を負うことになる。島津家の下宿人として島津少年を可愛がってくれていた市岡が、この時、その審判団の一員になったのである。

「雅男を一緒に甲子園へ連れていってやる」

市岡は、この無類の野球少年を大阪まで連れていくことを両親にもちかけ、島津は小学生にして、甲子園という大舞台をその目で見る機会を得ることになる。

胸躍らせながら大阪へ向かう島津少年。今のように新幹線もない時代である。

およそ一三時間も汽車に揺られ、島津少年は、大阪・梅田《うめだ》に辿《たど》り着く。審判団の宿舎は、梅田の「金龍館《きんりゅうかん》」という旅館だった。

やって来た六大学の審判団の中には、かの小西得郎《とくろう》もいた。後年、プロ野球解説者としてお茶の間の人気を博し、「まぁ、なんと申しましょうか」という名台詞《せりふ》で知られる人物である。ファウルボールがキャッチャーの股間を直撃した際に、「まぁ、なんと申しましょうか、ご婦人にはおわかりいただけない痛みですなぁ」という言葉を咄嗟《とつさ》に発したことは今も語り草となっている。

その小西も市岡とともに金龍館に宿泊し、甲子園へ通った。

「小西さんがニッカボッカのようなものを穿《は》いて、通っていたのを覚えています。よくしゃべる人だったという印象がありますね」

島津は八一年前の小西得郎の姿をこう表現する。

市岡に連れられて、島津少年は、梅田から阪神電車に乗って甲子園へ向かった。甲子園という巨大な空間を白球が飛び交うさまを、島津少年は、わくわくしながら連日観戦したのだ。しかも、その観戦場所は、審判団の控室。つまり、バックネットの下の本部席である。最も臨場感にあふれ、プレーヤーに近い場所で、島津少年は、大会の最初から最後まで試合を見つづけるのである。

「この大会は、高松商業の宮武《みやたけ》三郎（慶応大学から東京クラブ、阪急）、水原茂（慶応大学から巨人）、第一神港《しんこう》商業の山下実（慶応大学から阪急）、敦賀《つるが》商業の松木《まつき》謙治郎（明治大学から大阪タイガース）、それに大連《だいれん》商業の桜井修といった名選手たちが出場していました。

第一神港商業の山下が打った大きな放物線を描くホームランや、高松商業の宮武の痛烈なライナーは今もありありと脳裏に浮かんできます。時には、外野席でも観戦しましたよ。夢のような毎日でした。以来、すっかり野球の虜になってしまいました……」

島津は当時をそう懐かしむ。

野球の醍醐味は、何といっても白球が糸を引きながら空間を切り裂いていく迫力にある。

一一歳の島津少年にとって、その感動と刺激はいかばかりだったか。

のちに早稲田実業を経て早稲田大学に進学、六大学でも強打ぶりを発揮し、職業野球のエース、沢村栄治（京都商業から巨人）とも名勝負を演じることになる島津自身の野球の原点は、おそらくこの大正一四年の甲子園大会にあるに違いない。

そしてこの大会は、早稲田実業という存在に生涯かかわることになる島津の運命を決定づけるものでもあった。

並みいる強豪を退けて、この大会で快進撃したのは、島津が住む新宿区山吹町にほど近い早稲田鶴巻町にあった早稲田実業だったのである。

佐藤匡雄監督が率いるこの年の早稲田実業は、下手投げのエース高橋外喜雄《ときお》にキャッチャー平山清太郎という強力バッテリーを軸に、固い守りとしぶとい打撃を身上にしていた。

当時の東京地区予選は参加校が、早稲田実業のほかに目白中学、慶応商工、大成中学、明治学院、早稲田中学、慶応普通部、豊島《としま》師範、麻布《あざぶ》中学、東洋商業、成城中学の一一校しかなかった。その中で、早実は九勝一敗の好成績を挙げ（当時はリーグ戦だった）、同率で並んだ目白中学との優勝決定戦を六対二で制し、甲子園出場を決めたのである。

一回戦は不戦勝、二回戦は優勝候補の和歌山中学にヒット一本に抑えられながら、八回に一点を挙げて一対〇の執念の粘り勝ち。これに勢いを得て、準々決勝ではエースで強打の三番バッター松木謙治郎を擁する敦賀商業に一一対四で快勝。準決勝では強打者・山下実が三番に座る第一神港商業に四対三で競り勝ち、決勝へ。

決勝の相手となった高松商業の投打の柱・宮武三郎は、のちに慶応大学で投手として通算三九勝六敗、打者としても長嶋茂雄に破られるまで神宮の記録だった通算七本塁打を放つスター選手である。

のちに巨人軍で選手、監督として活躍し、野球殿堂入りする水原茂はまだ下級生で七番バッターに過ぎなかったが、このスター揃いの強力チーム・高松商業を前にして、早稲田実業は大健闘した。

序盤に二死満塁から走者を一掃されるなど、〇対五の劣勢に立ちながら、不屈の闘志で早実は強敵に立ち向かった。四番センターの七里正夫が、スリーランホームランを八回に叩き込んで追いすがるのである。

平成二年四月に刊行された『早実野球部史』には、この試合に二番レフトで出場した斉木正治のこんな一文が掲載されている。

〈高松商業には、後年六大学リーグやプロ野球で活躍した宮武、水原、井川といった好選手が名をつらねていました。この時は宮武が投げ、5－3で負けたのですが、非常に残念で悔いの残った試合展開でした。

2回高橋投手（高橋外喜雄・昭和2年卒）野選で無死満塁としたあと、8番、9番の打者を連続三振に討ち取り、ホッとしたところ、1番のキャプテン児島に左中間を抜かれ、ランナー一掃、そのあと遊撃手の暴投が重なり、一挙に5点をとられ、結局この回に与えた5点が、後半8回に七

里（七里正夫・大正15年卒）さんのスリーラン・ホームランが出たものの及ばなかったのです。諦め切れない敗戦でした〉

この決勝戦を手に汗握りながら島津少年は観戦する。

島津は、堂々たる早実の闘いぶりに感激した。

「都会チームは普通、ひ弱なイメージで見られますが、この時の早実は激しい闘志で敵に立ち向かっていきました。のちにこの時の中心選手の斉木さんに聞きましたが、毎朝、宿舎で荷物を整理して試合に臨み、試合に敗れればすぐ帰京する覚悟で闘ったそうです。

今の言葉でいうと〝挑戦者〟というか、チャレンジ精神を持ったチームでしたねえ。私はこの闘いぶりを見たことで、早実というチームに惚れました。小学生の私は、なにがなんでも早実に入りたい、そう思いました」

早実は準優勝に終わったものの、その堂々たる闘いぶりは、島津少年の心を捉《とら》え、その後、早稲田と生涯にわたってかかわる島津の人生を決定づけることになるのである。

夏の甲子園大会で、早実はこの大正一四年の第一一回大会の時とあわせ、都合三度の決勝進出を果たしている。

荒木大輔投手を擁した昭和五五年の第六二回大会と、ハンカチ王子・斎藤佑樹投手を擁した今回の平成一八年第八八回大会である。

この高松商業との無念の敗戦から、早稲田実業は、悲願の初優勝を果たすまでに、実に八一年もの歳月を要するのだ。

そして、この早実が進出した三度の決勝戦をすべて見ているのが、島津その人なのである。

いくつかの不運

「あの時、抽選で、絶対に強いところを引いてこい、とチームメイトに言われたんですよ。チーム全員が同じ思いでした」

島津はチームの大黒柱となって第一七回全国中等学校優勝野球大会に乗り込んだ時のことをそう述懐する。

今では抽選会にチーム全員で参加し、テレビでも中継され、それ自体がイベント化している甲子園の抽選会だが、昭和六年当時は抽選に行くのは、部長と主将、そしてマネージャーの三人だけだった。

「僕たちは自分たちの力を知っていました。弱いところと試合してもどっこいどっこいです。でも強いチームとやっても、同じように、そこそこの試合ができる自信がありました。それなら、弱いチームとやるより、強いチームとやったほうがいいと、全員が思っていました」

果せるかな、その相手が初出場の強豪・中京商業だったのである。

中京商業は、この年の春のセンバツに初めて甲子園に登場した新興勢力である。

長く愛知一中と愛知商業の天下が続いた愛知県球界で、筆舌に尽くしがたいほどの猛練習で、その両校の牙城《がじょう》を打ち破った中京商業は、初出場のこの第八回選抜高校野球大会において、いきなり準優勝に輝くのである。

好投手吉田と破壊力のある強力打線は、決勝で広島商業に二対〇で封じ込まれるものの、この準優勝によって、東海の強豪として一躍勇名を馳《は》せる存在となっていた。

夏の選手権大会にも進出してきた中京商業は、いうまでもなく、優勝候補の一角と謳われていた。当時の「アサヒ・スポーツ」（昭和六年八月三〇日号）には、こう記されている。

〈今夏の中京商業は春以来三十三戦六敗という中学野球としては極めて珍らしい多数の実戦経験と素晴らしき好記録を収め、技術抜群、ただに東海の勇に止まらず早くより大会参加校中での優勝候補と数えられていた〉

島津にとって、相手に不足はない、まさに望むべき「強敵」だったのである。

だが、この試合で、島津はいくつかの不運に遭遇している。

ピッチャーで四番、しかも主将の島津には、一人何役もの責任が負わされていた。

開会式当日、東京予選の優勝旗を持って行進したエースで主将には、その後のコンディション調整は過酷なものになる。

強豪・中京商業との対決を初日第三試合に控えた早稲田実業ナインが、朝八時からの開会式に備えて起床したのは、まだ夜も明けきらないうちのことである。

彼らが宿泊していたのは、武庫《むこ》郡鳴尾村《なるおむら》の一軒家だ。

当時、出場校は、甲子園球場にほど近い鳴尾村にある二階建ての民家にそれぞれが分宿していた。今でいう民宿である。

前夜から降りつづいた豪雨が早朝にはさっぱりと晴れ上がり、夏らしい抜けるような青空が広がる朝だった。

八時からの開会式に備え、早実ナインは、朝食をすませると早々に甲子園へと向かった。

島津たちにとっては、すべてが初経験である。

いかに当時の甲子園大会は人気が高かったか。「大阪朝日新聞」の昭和六年八月一三日付夕刊は当日のことをこう伝えている。

〈午前五時の開門と同時にスタンドに流れ入ってアルプススタンドから外野スタンドへ目白押しに押し詰り、乙種指定席に真紅のユニフォーム姿凛々《りり》しい女軍の一隊が陣どるなど年とともに加わりゆく女性ファンの異彩を点綴《てんてい》しつつ、午前六時というにもうぎっしり一杯だ〉

五時が開門というのも驚きなら、六時にすでに満員というのだから、当時の中学野球の人気のほどが窺《うかが》えようというものだ。記事はつづく。

〈かくて開会時刻やうやく迫れば内外野の全スタンドは立錐《りっすい》の余地なく詰り切ってその数十万を突破し喚声をあげ拍手を起して早くも大鉄傘《てっさん》を揺がせいやが上にも大会気分をそそり立てた、折しも飛来した祝賀飛行の六機（中略）が球場の上空で交々花やかな乱舞を行い、中空から白球を投下してやがて飛び去ればまさに午前八時、荘厳《そうごん》な入場式がはじまった〉

祝賀飛行が六機。ヘリコプターが一機だけ飛来する現在より、むしろ規模は大きかったかもしれない。そして、いよいよ選手入場である。

場内に谺《こだま》する万雷の拍手と声援。昔も今も変わらない、晴れの舞台を踏んだ球児たちへの温かい祝福は、甲子園独特のものである。

場内アナウンスで校名が告げられるたびに大きく沸き起こる拍手は、苦しい練習の日々を胸に行進する選手たちの感激を新たにした。

「ここに辿《たど》り着けてよかった」

東京大会の優勝旗を手に行進する島津はじめ早実ナインは、苦しい練習に耐え抜いたことの幸せを一人一人が噛《か》みしめていた。

そして、感激の入場行進を終え、来賓の長い祝辞を聞き終わった早実は、開会式を終え、いよいよ戦闘モードに入っていった。

しかし、ここで一つの誤算が生じた。

中京商業との試合は第三試合。間に二試合を挟むため、試合開始まで軽く五時間以上の余裕はある。早実ナインは、一度、宿舎に帰ってくつろぎ、軽い調整をおこないながら激闘に備えようとしていた。

だが大会本部は、早実、中京商業両チームに、「待機」を命じた。第三試合まで、甲子園で待て、というのである。

島津は、宿舎に一度は帰るものだと思っていた。

「阪神電車で鳴尾村はすぐでしたから、行き帰りに多少時間がかかっても、十分、余裕をもって調整できると思っていたんです。しかし、私たちは待機を命じられ、控室を与えられました。もちろん当時のことですから、冷房もありません。

真夏の蒸し暑さの中で、私たちはひたすら待ちました。暑くてたまりませんから、控室の窓は開けっ放しです。すると、大きな歓声が聞こえてくる。私たちは、そのたびに順番で、観客席のほうに顔を出し、試合を見て気分転換しました」

だが、水を飲むことが「厳禁」とされていた当時のことである。選手たちは、水も飲めない地獄をどう凌《しの》いでいたのだろうか。

「かちわりです。ただ氷を割っただけの甲子園名物かちわりは、その当時からありましたね。それをもらって、控室でわれわれは氷をなめていました。

結局、試合は午後三時を過ぎて始まりましたが、それまでの時間が本当に長かった。昼食も控室で弁当をもらって食べたと記憶しています」

だが、条件は相手も同じだと、島津はいう。

「それだけに、中京商業の吉田投手の偉大さを感じますね。この待機の時間、彼はどう調整していたのでしょうか」

しかし、エースで四番、それに主将という三役をこなしていた島津と、ピッチャーとしての調整に専念できていた吉田とは、おのずと負担の点で差があったことは確かだろう。

開会式が終わったのが午前九時。実際に第三試合が始まったのが午後三時過ぎだから、両チームは六時間もの間、待機していたことになる。

待てば待つだけ身体が硬くなっていくのを、早実ナインは感じていた。この時、島津たちは、あることを思いつく。

このまま身体を十分にほぐせずに試合に突入すれば、惨《みじ》めなエラーが続出するかもしれない。身体をほぐす方法として、島津たちは守備の時の球まわしを利用しようと考えたのだ。

午後二時半をまわって、やっとグラウンドに立つことができた早実ナインは、ことさら大きな声を出してグラウンドを動きまわった。

それだけではない。実際に、守備位置について球まわしをする時、大きく声をかけながらピッチャーの島津のもとに、みんなが集まってくるというパフォーマンスをやってのけたのである。

内野手が球まわしをする「円」をだんだん小さくして、次第にマウンドに近づき、そしてまた散る。間断なく大きな声を出しながら、素早いスピードで球まわしをおこなうこのやり方に、観衆は目を奪われた。

早稲田実業が初めて試みた元気溌剌《はつらつ》のこのパフォーマンスは、関西の野球ファンにとっては初めて目にするものだったのだ。

感嘆の溜息と拍手を早実ナインは試合前から大いに浴びることになる。

三時五分、試合開始。

この時、パフォーマンスのおかげか、球場の声援は、明らかに早稲田実業が中京商業を圧していた。

そして初回、いきなり早稲田実業の四番・島津の打棒が炸裂する。二死一塁で登場した島津は、吉田からライト線に痛烈な長打を放つのである。

二塁打。

島津はこの時、当然、一塁ランナーは本塁を陥《おとしい》れていると思っていた。

二アウトからの二塁打。バットに当たったと同時にスタートすれば、悠々ホームを駆け抜けているはずだ。

しかし、三塁コーチャーはなぜか三塁をまわろうとするランナーを止めていた。

「なぜだ」

島津はセカンドベースで、次のバッターが凡退するのを見届けると、この一点があとで響かなければいいが、と思った。

我慢比べの投手戦

島津投手のすべり出しは快調だった。

彼がもっとも得意にする球はシュートボールである。スピードこそそれほどでもないが、抜群のコントロールとシュートボール、そして外角をよぎる小さなカーブを武器にしていた。

「もともと私の代には、手塚健治という、小柄だが実力のある左腕ピッチャーがいました。甲子園にすでに出場経験のある男でね。神奈川商工実習（今の神奈川商工）という学校から転校してきた男なんです。その学校で甲子園に出ていました。

今でいうスカウトです。当時はそういうことが許されていました。私たちはケン坊、ケン坊、と呼んでいました。身長こそ一六〇センチ台で高くはありませんでしたが、ガッチリしていて、手がしびれるような重い球を投げましたよ。私は当時、ショートやサードといった内野のポジションをやっていましたから、ケン坊がいれば、そのまま内野手だったと思います」

だが、島津が四年の時、早実が都の連盟と揉めたことが運命を変えた。

「揉めた理由は、早実は当時から遠征が多かったんですが、これを無届けでおこなっていたということでした。結局、早実は、対外試合禁止の処分を受けたんです。

それで甲子園出場の夢が絶たれてしまった。ケン坊は、これで部を辞めたんです。家庭の事情もあったんでしょうが、野球をやる意味がなくなったのかもしれません。ピッチャーがいなくなり、チームはガタガタになりました。それで私にピッチャーのお鉢がまわってきたんです」

もともと打力を生かして野手として活躍していた島津は、これからピッチャーとしての苦悩の道を歩むことになる。

最初は投げても投げてもコテンパンに打ち込まれた。

相手は練習試合でも早実相手ということで必死に立ち向かってくるが、こちらはピッチャーとして経験が浅い島津が投げるのである。

バッティングピッチャーのように打ち込まれる島津は、やがてその中で独特の投球術を身につけていく。

「早実から早稲田大学に進んだ先輩の小林政綱さんと高橋外喜雄さんの二人がコーチに来てくれましてね。いろいろと教えてもらいました。

二人とも、島津の球は素直でダメだ、シュートを覚えろ、というんです。それでシュートボールの練習をしました。

僕のシュートは指を縫い目にかけて投げるのではない。シュートは握りで投げろ、といわれ、ボールを手のひらに深く握る独特のシュートを覚えました。

それから手元で伸びるストレートも意識した。ピッチャーは生きたボールを投げなきゃダメだ、と言われましてね。ふた言目には、生きたボール、生きたボール、ですよ。手元で伸びなければ、ピッチャーは単にスピードがあってもダメだと教えられたんです。

スピードがある日でも、今日の球はよくない、棒球《ぼうだま》だ、とよく言われたものです。ピッチャーは野手とは違う球を投げなければダメなんだ、という先輩の言葉を思い出します」

島津は、先輩の厳しい指導と猛練習で、次第に一人前のピッチャーとして成長していった。そして、早実六年生の最後の夏に、ついに念願の甲子園出場を果たしたのである。

「コントロールには自信がありました。スピードはたいしたことはありませんが、内外角にボールを投げわけ、得意のシュートボールを生かしました。

ゆるい球でも〝色〟をつければいい、というのが私の考えです。カーブは小さかったですが、これも武器になりましたね。中京商業戦も、調子は悪くありませんでした」

島津は甲子園という大舞台で、コーナーいっぱいに球を散らして中京商業の強力打線にマトを絞らせず、得点を与えなかった。

両投手の力投を「アサヒ・スポーツ」（前掲）は、こう記述している。

〈早実の打撃は以後吉田投手のスピードとアウ・ドロ（註・アウトコースのドロップ）に封ぜられて三塁を踏む者なく徹底的に打力の不振さを暴露したが中京の打者も島津投手の連投するシュート・ボールを多くは打ち上げ第六回まで硬軟両投手対立して善投し試合は頗《すこぶ》る緊張した〉

剛の吉田に、柔の島津。

両投手とも持ち味を十分に出していたのである。

そして、チャンスを先に生かしたのは早実だった。〇対〇で迎えた四回表、早実は、二死から好投手吉田を追い詰めた。

二アウトランナーなしから登場した五番ショートの清水健吉が、吉田の初球を捉え、右中間を抜く二塁打。キャッチャーのパスボールでサードへ進むと、次打者一塁手の安永正四郎が四球を選び、二死一、三塁。

ここで登場したのが、七番ライトの三日月改二。しぶとい打撃が身上の三日月は、吉田の豪球に食らいつき、ファースト後方にテキサスヒットを放ったのである。

万雷の拍手の中、本塁を駆け抜ける清水。早実は、こうして待望の先制点を挙げる。

なおも八番セカンドの本橋精一は、三日月が放った同じ場所に執念のテキサスヒットを放つ。

まさに、粘りと闘志で勝ち抜いてきた早実らしい攻撃だった。

二点を奪って二死一、三塁。ファーストに本橋、サードに三日月を置き、なお早実は中京に強いプレッシャーをかけていた。

次打者は、九番レフトの荒井源次郎。その何球目か、中京のキャッチャー桜井寅二は、リードの大きいサードランナーの三日月を見て、矢のような牽制球をサードに送った。

が、一瞬、中京の三塁手吉岡正雄と、ランナーの三日月が交錯。ボールが吉岡の差し出したグラブの先をかすめ、レフトへ抜けるのである。

勇躍、本塁に躍り込む三日月。声援と悲鳴が入り乱れる中、こうして早実は三点目を挙げたのである。

三対〇のリード。しかも、島津のコーナーワークは冴えわたっていた。誰もが優勝候補の中京を圧倒する早実に「恐るべし」の思いを抱くようになった。

だが、ピッチャーの島津は違った。

「このまま終わるはずがない」

マウンドを死守しながら、島津はそんなことを考えていた。

この年から連覇を始める中京商業の打線は、さすがに迫力があった。

島津は、中京の打線の力をひしひしと感じながら投げ続けていた。

「一番には、明治に進む中距離ヒッターの大鹿繁雄君、二番に小技の利く恒川通順君、三番は、のちに慶応のキャプテンになり、東映に進むしぶとい桜井寅二君、四番の強打者・鈴木語四君は、あとで早稲田大学野球部でチームメイトになりましたが、激しい闘志の持ち主で、試合で負けそうになっても〝お前ら、勝負は下駄を履くまでわからんぞー〟とベンチで盛んにハッパをかける男でした。中京出身者は、やはり勝負に賭ける執念がほかの選手とは違っていましたね。五番以下も村上重夫、後藤竜一、杉浦清ら、しぶといバッターが揃い、バランスのとれたいいチームでした」

それでも、制球力が身上の島津は、得意のシュートボールとカーブ、そしてストレートを駆使して中京打線にマトを絞らせなかった。

だが、夜の明けきらないうちから開会式のために起き、その後も調整らしい調整ができなかった島津投手に、次第にどうしようもない疲労感が迫ってくるのである。

ずれ始めたコントロール

「どうもおかしい」

島津の右腕に異変が生じ始めるのは、六回である。

「腕がなまっている……」

猛練習で鍛えに鍛えたとはいえ、まだ一七歳。しかも、とても栄養摂取が十分とはいえない昭和初期である。

試合開始までに消耗されていた体力の影響もある。灼熱の甲子園のマウンド上で、じわじわと身体《からだ》の奥まで浸透し始めた疲労感に、島津は焦りを感じていた。

だが六回裏、島津は力をふり絞って、トップから始まる中京の好打順に立ち向かった。

一番大鹿をレフトフライ、二番恒川もレフトフライに打ち取り、しぶとい三番桜井を三振。六回を終わって、強打中京に、五番の村上が放ったヒット二本しか許さない完璧なピッチングだった。

しかし、次の七回裏、いよいよ中京の中軸打線が、好投手島津に牙を剝《む》くのである。四番鈴木が、いきなり左中間に二塁打を放つ。そして、次打者はこの日、すでに二安打の五番センター村上。島津の回想によれば、

「シュートボールのコントロールが微妙にずれていました。限界が来ていました。中京打線が、そこを逃しませんでした」

村上は、島津の内角球をすかさずレフト前へと運ぶ。セカンドランナーの鈴木を迎え入れた。すでに、打者の内角を突く絶妙のシュートボールがその威力を失いかけていた。

「アサヒ・スポーツ」(前掲)はこう記述する。

〈第七回に入るや投球に速力なく、一つの曲球なく、僅《わず》かに制球力を身上とする島津投手には漸《よう》く疲労の色現われ速力鈍れば久しく眠るが如き攻撃回を送っていた中京も鈴木(鋙)の左中間二塁打によって狼火《のろし》をあげ、前に二本の安打を放っている村上の左前安打で一点を回復〉

三対一。ここで、後続をなんとか打ち取った島津が、弱音を吐くわけにはいかなかった。エースであると同時に、島津はキャプテンであり、四番である。

チームの大黒柱が気圧《けお》されれば、勝負の世界はそこで決着する。味方を鼓舞し、奮い立たせ、勢いづかせることも、島津の役目だった。

その気迫は、たとえ体力の限界が来ても衰えることはなかった。

八回裏、一アウト一、三塁の好機を摑《つか》んだ中京は、三番桜井を打席に送り出す。この日、四度目の対決である。それまで島津は、桜井を完璧に封じていた。

島津対桜井。のちに神宮球場に舞台を移して早稲田と慶応で活躍する二人は、甲子園という檜舞台で、激しい闘志をぶつけ合った。

だが、ここで桜井は、島津が気力で投げ込んだ球をライトに弾き返した。

犠牲フライだ。

三塁ランナー大鹿がタッチアップ。飛球を摑んだ早実のライト三日月は、中継に矢のような送球を送った。この時、一塁ランナー恒川は、すかさず二塁を陥れようと、こちらもタッチアップしていた。

それを見てとった早実セカンドの本橋は、中継のボールを本塁に送るのではなく、セカンドへ。

「タッチだっ」

「アウト！」

一瞬、場内が静まり返る。

都会チームらしい、早実の頭脳プレーだった。本塁は間に合わないと瞬時に判断した本橋が、セカンドカバーに入ったショートの清水に投げ、恒川をきわどく刺したのだ。ダブルプレー、チ

エンジである。この一瞬、島津はキャッチャーの田川四郎吉に向かって、

「どっちだ！」

と、叫んでいた。

ホームインよりセカンドアウトのほうが少しでも早かったとジャッジされれば、中京の得点は認められないからだ。

体力的にすでに限界に達していた島津には、この「一点」の重要性がいちばんわかっている。三対一で最終回を迎えるのと、三対二で迎えるのとは、「天と地」ほどの差があるのだ。

しかし、審判のジャッジは、「ホームイン」。わずかだが「三塁ランナーが本塁を陥れたほうが早かった」というものだった。

「…………」

こうして、島津は強豪中京商業と一点差のまま最終回にもつれ込むのである。

痛恨の逆転サヨナラ打

甲子園のバックネット裏の「鉄傘《てっさん》」が、覆いかぶさるように迫ってきた。

瞼《まぶた》を閉じると、あの時の観客の手拍子と異様な熱気が蘇ってくる。

当時は、アルプス席に応援団はいない。あるのは、観客の声援と手拍子だけである。

試合が始まった時、観客の声援と手拍子をより多く受けていたのは早実だった。しかし、三対〇と試合を有利に進める早実に対して、判官贔屓《ほうがんびいき》の観客たちがやがて、初出場の中京商業を応援

し始めるのである。

チャチャチャ、チャチャチャチャ、チャチャチャチャ……。観客の発する三々七拍子の音が甲子園名物の鉄傘に跳ね返り、マウンドの島津に襲いかかってくる。

異様な熱気と歓声がこの手拍子を増幅させ、疲れ切った島津には、あたかも人馬一体となった巨万の軍勢に攻め寄せられているような錯覚さえ感じさせた。

甲子園の鉄傘は、十余年後に、武器弾薬用に軍事供出されて消えてなくなり、戦後、アルミによる「銀傘《ぎんさん》」に生まれ変わる。今もバックネット裏の観客の陽射しを遮ってくれる甲子園名物の銀傘は、いわば、甲子園の平和の象徴なのである。

島津の右腕はすでに限界が来ていた。

「この回さえ抑えれば……」

あと一イニング、あと三つのアウトの重荷が、肉体的な疲労に精神的な圧迫を加えていた。

当時のユニフォームには、背番号はない。わかりやすく、をモットーにポジション別に背番号がつくのは、これから二一年後の昭和二七年、戦後のことである。

白い帽子にエンジでW、アンダーシャツもストッキングも伝統のエンジで統一されている。

キャプテンでもある島津は、

「心配するな。絶対に勝てる」

と、心のなかで自らを鼓舞した。

そうでもしなければ、どうしようもない疲労感から逃れる術《すべ》がなかったのである。

一点差で九回裏最後の守備についた島津は、四番鈴木を打席に迎えた。

剝き出しの闘志を見せながらバッターボックスに立った鈴木は、島津を睨《にら》みつける。その気迫はバットに乗り移った。

鈴木が思い切って引っ張った打球は、早実のサード星野正男の胸を強襲。跳ねたボールがレフトにまで達する間に、一挙、鈴木はセカンドに達するのである。

土壇場一点差での二塁打。しかもノーアウト。

吼《ほ》えるような歓声が、中京を応援する観客から巻き起こった。

手拍子がその熱気にさらに迫力を加えた。

チャチャチャ、チャチャチャチャ、チャチャチャチャ……甲子園名物の観客の手拍子。それは、この東洋ナンバー・ワンの球場の主役が、観客そのものであることを物語っていた。

目眩《めまい》がするような熱気と圧迫の中で、島津は、当たっている五番の村上を迎える。

ヒットが出れば、同点だ。右腕がしびれるような疲労に包まれていた島津は、慎重に村上と相対し、結局、フォアボールで歩かせる。

ノーアウト一、二塁。

次のバッターは六番の杉浦。中距離ヒッターでありながら、鍛え上げられ、小技もうまい杉浦は、ベンチのサイン通り確実にバントする。

一死二、三塁。早実絶体絶命のピンチである。

島津はここで、迷わず満塁策に出た。

塁を埋めたほうが守りやすいし、なにより満塁になればゲッツーがあるため、バッターのほうにも逆にプレッシャーをかけられる。七番ピッチャーの吉田が一塁へ歩き、一死満塁。中京は、同点、そして逆転のチャンスを摑《つか》むとともに、ゲッツーならばゲームセットという、文字通りの正念場を迎えるのである。

内野ゴロを打たせて本塁封殺、もしくはゲッツー。島津と早実内野陣は、そんなシナリオを思い描いていた。

バッターは八番ファーストの後藤竜一。それまで三打数ノーヒットで、この試合は、島津の揺さぶりに手も足も出なかった。

「ここで内野ゴロだとまずい。後藤、頼む！」

悲鳴のような応援が、中京ベンチの上から聞こえてきた。中京も追い詰められていたのだ。

この時、後藤はただ無心でバッターボックスに入っていた。

「打つ。絶対に打つ！」

という烈々《れつれつ》たる闘志が、身体《からだ》全体から発散されていた。

島津と後藤の対決。

すでに疲労の極《きわみ》にあった島津は、腕がいうことを利《き》かなくなっていた。コントロールが思うに任せない。

微妙な制球こそ身上の島津が、その持ち味を完全に失っていた。ボールが先行し、カウントは一ストライク三ボールとなる。

「押し出しなら同点」

島津は追い詰められた。だが、後藤も同じだ。

ゲッツー打になれば、立場は逆転、一気にゲームセットなのだ。

中京にとっても、早実にとっても、それは運命の一球だった。

「真ん中寄りのストレートでした。そのコースも感触も覚えています」

と、島津はいう。それは、島津の中等学校野球の終焉《しゅうえん》を告げるボールだった。後藤の執念が乗り移ったかのように、バットに弾かれた打球は三遊間を抜けていった。

「抜けたのは、サードとショートの真ん中でした。あの光景は今も忘れられません……」

九二歳となった島津にとって、その瞬間は、つい昨日のことなのだ。人間の感情は、時を超えるのである。

三塁から鈴木が躍り上がるように本塁を駆け抜け、二塁からも村上が勇躍、ホームイン。逆転サヨナラだった。

「負けた……」

島津にとってそれは、現実とは思えない光景だった。

気がつくと場内は総立ち。拍手と歓声が終わらない。

「俺たちは讃《たた》えられているのか」

早実ナインは、がっくりと膝をつきながら、不思議な感情にとらわれていた。

一方、中京ナインは、この劇的な勝利に男泣きに泣いた。誰かれなくベンチで抱き合い、涙を流した。

この中京商業の「一勝」こそ、甲子園の歴史にとって、とてつもなく大きな意味を持つのである。

「死線を越えた勝利」

この試合で、中京商業の六番バッターでショートを守った杉浦清は、のちに明治大学に進み、明治でも四シーズン連続優勝を成し遂げている。戦後、ラバウルから復員して中日ドラゴンズに入団し、選手兼任で監督も務めた。

杉浦は、昭和三〇年に自身の半生を綴《つづ》った『ユニフォームは知っている』（黎明書房）を出版した。その中で、早稲田実業との闘いをこう記述している。

〈早稲田実業は、さすがに都会チームだけあってその守備は洗練されていた。キビキビした動きは軟投ピッチャーをよく助けてソツがなかった。とくにアウト一つ取るとボールを内野に廻して、投手を激励し合うまとまりには圧倒された。昨今のプロ野球のそれとまったく異ならなかった（中略）。六回ごろはまったく勝ち得る自信はなく、士気も沈滞していたが、七回の一点はまったく蘇生の思いであった。現在なら、早稲田実業も、誰かリリーフを送るところであるが、当時は投手にはほとんど代えがなく、第二投手を持っているチームはすくなかった。この試合が、いわば優勝への試金石であった。この一戦で自信をつけたことは疑う余地がない。

〝死線を越えずして栄光なし……〟初優勝の死線は、明らかにこの対早稲田実業戦を指すものと、いまでも私は信じ切っている〉

また、この試合で二塁手、二番バッターとして島津投手に立ち向かった恒川通順は、『中京高校野球部四十五年史』の中で、こう書いている。

〈昭和六年夏、高校野球の真髄というか、その神秘性について胸深く刻み込んだ覚えがある。忘れもしない、晴れの舞台の第一戦を東都の雄早稲田実業と争ったときのことだ。

甲子園という異様な雰囲気に萎縮したのか、わが中商ナインは、早実島津投手の軟投に手を焼き三―二と敗戦を目前にした。

そして九回の裏、しかも一死、最後の打者〝竜ちゃん〟こと後藤竜一選手を打席へ送った。一瞬、わたしの脳裡《のうり》をへどを吐き吐き球を追った苦痛の日々が走馬灯《そうまとう》のように去来した。思わず〝竜ちゃん頼む〟と叫んだ。「負けてなるものか」烈々たる闘志に燃えたのは私ばかりではなかった。

監督の山岡先生も唇を真一文字に結んで一閃《いっせん》必殺の構え。竜ちゃんは三遊間を破った。ナインの執念が逆転打を呼んだ。

われわれは勝った！

いまにして思えば、この一打、この一勝が「三年連続優勝」への礎《いしずえ》となったのだ。もしも、この一戦を落していたら、おそらく名門中商の名も、大投手吉田正男も生れなかったろう。それからすれば、吉田投手の勇名を忘れようと、後藤竜一一塁手の「功」だけは生ある限り忘れるものではない。球友杉浦清選手は〝留魂碑〟に叫ぶ。

みんなが苦難に耐えた
みんなが死線を越えた
みんなが栄光を握った
みんなが伝統を守った

これこそ高校野球の真髄であり、真理である。〝血の通った野球〟をわれわれの手で守ろう〉

恒川は、大学は明治大学、社会人野球では明電舎で活躍、その後も名城大学の野球部監督を務めるなど、野球界に多大な貢献を成した人物である。

その恒川もまた、三連覇がスタートした早実戦での奇跡の逆転劇をこう記したのだ。その死闘がいかに激しく、過酷なものであったかがひしひしと伝わる文章である。

当時の「東京朝日新聞」（昭和六年八月一四日付）は、この試合を、

〈早実惜敗の瞬間

満場思はず総起立〉

という見出しのもとにこう報じている。

〈優勝の大望を眉宇《びう》に輝かす東海の雄中京商業と東都球界の軽妙の技をうたわれる早稲田実業ともに洗練された都会チームの美技を誇って相譲らず、三時五分の試合開始とともに華やかな野球風景を点描、早実猛襲して中京を圧したが最終回に勝運ついに中京の上に輝きその差一点がい歌高らかに揚がり球場思わず総起立のゲームセット、両軍の選手泣いてしばしベンチを去りもやらず、全く感激の大試合であった〉

糸を引くようにしてレフト前に転がっていった中京・後藤の打球は、甲子園の歴史に燦然《さんぜん》と輝く偉業の始まりを意味していた。

強豪・早稲田実業に逆転サヨナラ勝ちした勢いに乗った中京商業は、次の秋田中学（秋田）戦では、攻守に圧倒して一九対一の大勝を収めた。

準々決勝でも強豪・広陵中学（広島）を五対三で下し、準決勝はこれまた名門の松山商業を三

対一で退け、決勝へ進出。そして、決勝は準決勝で退けた松山商業出身の近藤兵太郎監督が率いる嘉義農林（台湾）と激突。これを四対〇で完封、見事、初優勝を遂げるのである。

その後のスコアを見ても、この初戦の早稲田実業こそ、中京商業が最も苦しんだ相手であったことがわかる。

中京商業のエース、吉田正男は、この昭和六年の第一七回全国中等学校優勝野球大会を制したあと、翌一八回、一九回大会でも全国制覇を果たし、夏の甲子園三連覇を果たす。

昭和七年、松山商業の景浦将《かげうらまさる》との春・夏の決勝戦で演じた死闘や、昭和八年の第一九回大会準決勝戦での明石中学・中田《なかた》武雄《たけお》投手との延長二五回の熱投など、今も語り草となる試合は少なくない。

そして、吉田が挙げた甲子園通算二三勝（三敗）の大記録は、七〇年余を経た現在でも破られていない。その三連覇の大記録のスタートこそ、島津率いる早稲田実業とのこの逆転サヨナラの死闘だったのである。

第三章　挫折

早実が日大三高に敗れたことを報じる、
平成17年7月29日付の朝日新聞朝刊。
斎藤佑樹の人生を変える試合となった。

日大三の3連覇か

早実、攻めの波つかめず

早実―日大三　5回裏日大三2死一塁、大越は右中間本塁打を放つ。捕手武石＝神宮

大活躍でも辛い採点　日大三大越君

球場にワクワク「はしゃ」って

2005 白球

早実・高屋敷仁投手

元エース、気迫の救援

群馬から来た一年生

平成一七年度の早稲田実業野球部主将、武石周人《たけいししゅうと》（一九・早稲田大学野球部一年）が、初めて斎藤佑樹を見たのは、平成一六年三月下旬のことである。

この時、早実野球部は、宮崎県西都市《さいと》へ春季練習に赴《おもむ》いていた。武石はキャッチャーで二年生になるところだった。ここに、新しく一年生で入部する部員の中から五人が選ばれ、上級生たちの練習に参加してきたのである。

その中に、斎藤はいた。

「当時、ピッチャーは新三年生に村山（航也《かずや》）さん、日野《ひの》（頼人《らいと》）さん、二年に高屋敷《たかやしき》（仁《さとし》）とかがいました。キャッチャーは三年の山縣《やまがた》（有輔《ゆうすけ》）さん、蔵原《くらはら》（聖二郎《しょうじろう》）さんがいたのですが、上級生に一年のボールを受けさせるわけにはいかないんで、僕が斎藤の球を受けることにしました」

入部してきた時、斎藤は身長一七〇センチほどで、体重は六〇キロに満たなかった。七〇キロをゆうに超えた三年夏とは、身体《からだ》つきがまるで違っていた。

「ひょろひょろした、まだ中学生という感じでした。すぐ戦力になるのか、それともじっくり育てていくのか、どんな素材なのかを監督も見たかったんだと思います。和泉監督から、自由に投げたい球を投げさせてみろ、と言われていたので、斎藤に持っている球を聞いてみたんです」

「球は何があるの？」

武石が聞くと、このひょろひょろとした新入生は、

「スライダーです」

と、答えた。

「カーブは？」

斎藤はそういうと、ひと呼吸おいて、

「カーブは投げれないです」

「あとフォーク投げます」

といった。ボソボソとした小さな声だった。

「斎藤は口数が少なかったですね。斎藤の代は後藤、神田、船橋、檜垣とかひょうきん者が結構いるんですが、斎藤は、こいつ人と会話できるのかな、という感じでした。ほとんどしゃべらないんで、何を考えているんだろう、と思うこともありましたね」

しかし、この細身の一年生が投げる球はなかなかのものだった。武石によると、

「村山さんや日野さんという三年生に比べれば、この時点ではそれは差がありますが、ただキレのある球を持っていました。コントロールは全然よくなかったですね。真っすぐが高めに浮くし、スライダーも半分はワンバウンドでした。

球のキレってのはそのピッチャー独特のものなんです。同じ球種でも、人によってだらだら曲がるのもあれば、キュッと曲がるのもある。変化が同じ大きさでも回転が違ったり、スピードが違ったりすることで、キレがあるのと、ないのとの違いが出てきます。斎藤は、当時はまだ手首だけで（球を）曲げている、という感じでしたが、それでもキレはありました」

この時のことを当の斎藤は、こう振り返る。

「西都へ行って練習に参加させてもらった時、先輩のボールにびっくりしました。日野さんの投げる球を見たんですが、なんというかボールの質が全然違うんです。一四〇キロ以上のものすごいボールがホップするというか、こう、浮き上がっているんですね。日野さんは身長も一八〇センチ以上あって、正直、(自分は)やっていけるかなあ、と思いました。僕のスピードですか？当時はまだ一三〇キロいくかいかないか、といったところだったと思います」

憧れの早稲田実業に入ってきた斎藤は、野球部の上級生たちの迫力、体格、あるいはボールの威力に目を見張ったのである。

斎藤が、早稲田実業の門を叩いたのには、いくつかの偶然がある。

群馬県太田《おおた》市に生まれた斎藤には、三つ年上の兄・聡仁《あきひと》(二一)がいる。父・寿孝《としたか》(五七)は、元高校球児で、社会人になってからも会社でピッチャーとして軟式野球を楽しむスポーツマンだった。母・しづ子(四六)も、学生時代にテニスに打ち込んだ、これまたスポーツウーマンである。斎藤家は、地元でも評判のスポーツ一家だった。

なかでも三歳の時には初めて硬球を握らされて遊ぶほど、斎藤にとって野球というスポーツは身近なものだった。斎藤は、太田市立生品《いくしな》小一年の時、兄が所属していた地元の少年野球「生品リトルチャンピオンズ」に入り、本格的に野球を始めた。

近所の人たちは、裏の畑でボールが見えなくなるまで、父親とキャッチボールをする兄弟の姿を毎日のように目撃するようになる。父だけではない。兄弟の野球をサポートするのは、母も同じだった。しづ子がいう。

「バッティングでは、主人がいない時は、私がトスを上げてゴルフ用のネットに向かって打たせました。それに、自宅の庭に二本ずつ四本の杭《くい》を打ち、その間に対角線で紐《ひも》を張って、ボールの通るコースを確認できるようにして、ピッチングの練習もさせましたよ。佑樹のボールは、私も受けました。私が受けられなくなってからは、主人だけになりましたが……」

しづ子は、甲子園で大フィーバーを巻き起こした荒木大輔のファンだった。斎藤は、小さい頃からその時の荒木や早実ナインが写った雑誌の写真を見せられて、育った。

のちに斎藤は中学の卒業文集に、将来の夢を、「荒木大輔2世」と書いているが、それもこうした影響なのだろう。斎藤にとっては、知らず知らずに早稲田実業が漠然とした憧れの存在になっていたのである。

天性の強肩だった斎藤は、小学五年の時点で、遠投が七〇メートルを超えるほどになり、所属していた少年野球チームで、六年生を押しのけてエースピッチャーになっていた。

そのまま地元の生品中学に進んだ斎藤は、すぐに投打の柱に成長する。

エースでキャプテン、そして四番というすべての責任を背負いこみながら、その上、監督に代わってサインまで斎藤が自分で出していたという。大黒柱・斎藤の文字通り、ワンマンチームだったのである。しづ子はいう。

「いまでも佑樹の野球は、主人がいちばんわかっていると思います。その日の調子のよしあしも、主人には、ひと目でわかるんです。長い間見てきてますからね……」

そんな斎藤に名門・早稲田実業への道が見えてくるのは、ちょっとした巡り合わせからだった。

父の職場に、たまたま早稲田実業から甲子園へ出場した元選手がいたのである。

早実野球部の昭和五三年の卒業生、井上勇人《はやと》（四六）である。

早稲田実業の強打の三番バッターとして、和田監督時代の昭和五二年、春夏の甲子園に連続出場した井上一塁手は、早稲田大学を経て群馬県太田市の富士重工に入社。ここでも社会人野球の強豪チーム・富士重工硬式野球部のクリーンアップとして、活躍している。

その富士重工は、斎藤の父・寿孝の職場でもあった。

井上がいう。

「会社が一緒というより、うちの息子が斎藤君より一つ年上で、同じように野球をやっていたことで斎藤家とは親しくさせていただきました。太田というところは狭いですからね。息子とは所属していたチームこそ違いますが、斎藤君のお兄ちゃんのことも、よく知っています。

斎藤君は、中学二年から三年にかけて日に日にピッチャーとして力をつけていきました。まだその頃は、身体つきは〝吹けば飛ぶような〟感じでしたよ。でも、ピッチャーとして、バッターのフトコロに飛び込んでくるような、いい面を持っていました。

たまたま斎藤君が太田にいて、しかも、志が高くて、お兄ちゃんもＷＡＳＥＤＡのユニフォームに憧れるという環境の中に、彼はいたんです。その意味では、運命的なものを感じます。私自身は、早実を選択肢の一つにしてもらうお手伝いをさせていただいたに過ぎませんが……」

井上からまず相談を受けたのが、元野球部長の大森貞雄である。

その時のことを大森は鮮明に覚えている。

「井上君から連絡がありましてね。群馬に早稲田実業を希望しているいいピッチャーがいる、というんです。会社の先輩の息子さんだという。

ボールが速くて、いい球を持っていると言っていました。うちは学校の成績がよくないと入れませんから、そこを聞いたら、井上君は、(その子は)頭もいいと言っていました。和泉君のほうに話していいですか、というので、いいと思うよ、と言ったんです」

井上から連絡を受けた和泉は、わざわざ斎藤を見に群馬まで赴いている。

井上と和泉は、早実の先輩、後輩というだけでなく、さらにその前の、調布リトル時代からの先輩、後輩でもある。井上は和泉の二つ上だ。二人は今も、

「ミノル」

「ハヤトさん」

と、呼び合う仲である。その先輩が後輩に、一度見に来るように連絡したのである。

「軟式の七イニング二一のアウトの内、一七、八個三振をとるピッチャーがいるから見に来い、と。嘘でしょ？　と言ったら、本当にとるから、とにかく見に来い、ということでした」

と、和泉がいう。

「たぶん、彼が中三の五月頃だったと思います。中体連の大会だったと思いますが、群馬に行きました。実際に僕が見ている試合でも、斎藤は三振を一三個か一四個はとりましたね。ちょっとアウトサイドの球がスライドしていました。これは軟式から硬式に変わると、悪いクセになるんですが、それでも、身体は細いけどバランスがいいし、なにより球のキレを感じましたね。これはいい選手だ、伸びるかもしれない、と思いました」

また、斎藤が早稲田実業に進む理由の一つに、前述のように兄・聡仁の存在があった。

和泉によれば、

「お兄さんも桐生《きりゅう》高校でセカンドを守り、春の関東大会で準決勝まで進んだ好選手だったそうです。早大野球部のセレクションを受けたほどでしたが、残念ながら早稲田には縁がなかった。

でも、そのお兄さんの早稲田志向が、やはり斎藤の早実入りを後押ししてくれたんだと思う。東京へ出てきてもいいという思いの中には、そういうご家族の意向やタイミング、それに、巡り合わせがあったんだと思います」

さまざまな縁と巡り合わせが、早実への道を斎藤に開いたのである。しかし、それでも学校の成績が伴わなければ、いくら本人や家族が望んでも早実には入れない。

斎藤は、「文武両道」を説く両親のもとで、勉強に励んだ。

「中二の終わり頃から早実を意識しました。休みの日は、一日七、八時間勉強しました。普段の日も、練習が終わってから塾に行って、二時間から三時間は勉強したと思います。群馬県内にも(文武両道の学校は)ありましたが、より高いレベルを目指して早実に行きたいと思ったんです」

と、斎藤はいう。

教育熱心で文武両道を説く両親。そして、すぐ近くにいた早実野球部のOB。さらには、それを目指して長時間の勉強に耐えた斎藤。間をとりもった井上が運命と表現したように、斎藤は、いくつもの要素と偶然が重なりあって、群馬から東京の早稲田実業へとやってきたのである。

敗北からの教訓

しかし、キレのいいボールを投げるこの一年生が早実の真のエースに成長するには、多くの壁が立ちはだかった。

斎藤が一年の夏、早実は、ダブルエース村山航也と日野頼人を擁し、第一シードとして優勝候補の一角を占めたが、西東京大会四回戦で工学院大附属に延長一〇回四対三で敗れた。

二人の三年生エースが引退し、新チームは、二年の高屋敷仁と一年の斎藤がマウンドを守ることになる。

斎藤は、ピッチャーに必要不可欠な要素と、逆にピッチャーにとって「致命的な欠陥」の相反する二つの面を持っていた。

ピッチャーに不可欠な要素とは、バッターに「向かっていく気持ち」である。わずか一八・四四メートルの距離を挟んで向かい合うバッターに気持ちで負けてしまっては、必ず打ち込まれてしまう。それがピッチャーの宿命だ。

この「向かっていく気持ち」を斎藤は、人並み以上に持っていた。

キャッチャーとして、一年下の斎藤の球を受けていたキャプテンの武石は、斎藤のことを「武士的なヤツ」と、評する。

「斎藤の特徴は、異常なまでの負けず嫌いです。力勝負に決して負けたくない、というか、特定のバッターに個人として絶対負けたくない男なんです。こいつにだけは負けたくない、と思うと、気持ちの入ったすごい球を投げてきます。相手と斬り結んで、絶対に負けない。斎藤は、そういう意志を持った〝武士的なヤツ〟ですよ」

武士的なヤツ——古風な表現で、武石は、この後輩を明快にそう評した。

武石は、高校通算六二本塁打の記録を持つ右の大物スラッガー・桐光《とうこう》学園の岡山真澄《ますみ》（中央大学野球部一年）と練習試合で対戦した時、斎藤が闘志剝き出しで得意のストレートとスライダーを投げ込んできた姿を思い出すという。

斎藤本人もこの時のことを記憶している。

「僕が一年の夏前、桐光学園相手の練習試合に、投げさせてもらったことがあるんです。場所は、桐光学園のグラウンドです。この時、僕は、岡山さんに外角のストレートを、右中間の奥深くにホームランを打たれました。すごい当たりでした。その時、次は絶対に打たれないぞ、と思いました」

数ヵ月後、秋の大会を目前にした両校は、再び練習試合をおこなう。

桐光学園の野呂《のろ》雅之監督は、早実野球部の出身だ。故和田監督のもとで、和泉とは同期。その縁で、たびたび練習試合をおこなっている。

斎藤はこの試合で、岡山に敢然と立ち向かった。

「次に岡山さんと対戦したのは、二、三打席だったと思いますが、完全に抑えました。三振を二つとったように思います。岡山さんには絶対に打たさない、という思いで投げました」

強い負けじ魂と、向かっていく闘志。投手に最も必要なその要素を斎藤は、持っていた。

では、斎藤のピッチャーとしての「致命的な欠陥」とは何だろうか。

武石の話である。

「斎藤はいい球は持っているんですが、突然崩れるクセがありました。崩れるきっかけは、些細《ささい》なことです。ある時は、味方のエラーだったり、ある時は、微妙な審判のジャッジだったり、またある時はポテンヒットだったりしました。

いつも、試合のどこかで、そういう些細なきっかけで崩れるんです。スタミナは前からあったので、たぶん精神的なものだったと思う。フォームが乱れ、コンマ何秒のリズムのちょっとした狂いで、斎藤は崩れていきました。あいつが一年秋のブロック戦で敗れた時も、そうでした」

斎藤が一年の秋、早実は、ブロック戦決勝で日大鶴《つるが》ケ丘《おか》に敗れている。武石がキャプテンとなって最初に臨んだ大会でもあった。

「秋の大会というのは、バッテリーがよければ勝てます。配球ミスやコントロールミスがなければ、ある程度は勝ち上がっていけるんです。でも、僕たちは、ブロック戦で二年連続敗退し、本大会に進めませんでした」

秋季東京大会は、東京が二〇以上のブロックに分かれ、野球場を持っている各校が会場になってトーナメント戦をおこない、そして、それぞれのブロックを勝ち抜いてきたチームが本大会に進むシステムになっている。

南大沢に早稲田実業の「王貞治記念グラウンド」ができた平成一六年、早実もその会場の一つとなった。しかし、この時もブロック決勝戦で、早実は敗れたのだ。

日大鶴ケ丘戦は、一回裏に一点を先制されたが、二回表に四点を入れて逆転。有利に試合を進めたものの、五回に斎藤が突然乱れて三点を献上。終盤、リリーフした高屋敷も追加点を許し、結局、七対五で敗れ去るのである。

武石にとって悔やまれるのは、斎藤のコントロールミスだった。

「九番の一年生ピッチャー仁平《にひら》（昌人《まさひと》）に、競《せ》っているところでレフトオーバーの二塁打を打たれたんです。これが痛かった」

と、武石はいう。

「それはツーナッシングからの三球目の球でした。スライダー、スライダーと二球つづけたんですが、仁平は、これを二つとも空振りしていた。まったく斎藤のスライダーにタイミングが合っていませんでした。

そこで、三球目に、外角にはずすストレートを要求しました。三球目にボールのストレートを投げさせて、四球目にタイミングの合っていないスライダーで三振をとろうと思ったんです。

しかし、斎藤のコントロールミスで、外のストレートが、内側に入ってしまった。真ん中高めです。仁平は、それを思いっきり引っ張って、レフトオーバーの二塁打を打った。監督に、あの場面でなんであんな球を投げさせるんだ、と怒られました」

斎藤も、もちろんこの時のことを覚えている。

「投げた瞬間、しまった、と思いました。はずすつもりが中へ入ったんです。同じ一年生のピッチャーに打たれてしまいました。試合が終わってから、武石さんに、〝斎藤、はずす時はもっと外にはずそう〟と言われました」

監督の和泉はこういう。

「斎藤は、気持ちのコントロールができないピッチャーでした。勝たなければとか、ここでなんとかしようとか思うとピッチングが乱れるんです。しかし、これは精神的に弱いということではないかもしれない。

逆に、強すぎたのかもしれないんです。強すぎてそれをコントロールができない。いずれにしても、自分の精神状態をどうコントロールしていくか。それが斎藤の課題でした」

斎藤には、ピッチャーとしてそういう「致命的な欠陥」があったのだ。

その欠陥について、斎藤は自覚していた。

「僕は、焦りや力みが出てくると、腕に（影響が）出てくるんです。腕が振れなくなるというか、指先ではなく、腕全体にそういう微妙な変化が出てくるんです」

斎藤は、自らの弱点をそう冷静に分析していた。

心理的な力みや焦り――その影響が、「指」ではなく「腕全体」に出る。そして、大事なところで微妙なコントロールを失って自滅していく。斎藤のこの弱点は、チームメイトからの信頼にも影を落とした。一年秋からレギュラーで斎藤のバックを守っていたレフトの船橋がいう。

「たとえば、相手がバントの構えをすると、急にストライクが入らなくなったりするんです。それでフォアボールを出して、自分自身にキレたりする。あと、仕方のないエラーでは怒らないけど、凡ミスや怠慢プレーをバックがやると不機嫌になります。僕らチームメイトは、斎藤がキレると雰囲気でわかりますよ。正直言って、そういう時の斎藤は同級生だけど怖いです」

斎藤の精神的乱れは、ピッチャーとして致命的ともいえる弱点だった。そして、これを克服するのは、容易なことではなかった。

知られざる「フォーム改造」

苦悩する斎藤は、一年の冬、フォーム改造まで試みさせられている。

オーバースローからサイドスローへの転向だった。

「サイドっていうか、スリークォーターですよ」

と、斎藤がいう。元巨人の斎藤雅樹《まさき》のような「腕の振り」を試してみたのだという。

「ピッチングコーチに、やってみたらと言われました。最初はいいかな、と思ったんです。球が速くなりましたから。でもコントロールは、そんなにつきませんでした。自分には合わないと思って、元に戻しました」

しかし、斎藤の両親にとって、フォームの改造は心配だった。これまでオーバースローで着々と伸びてきた息子が、突然サイド（スリークォーター）に転向するといわれても面食らうだけである。

「佑ちゃんのよさは、今までのフォームだから出てたのよ」

母・しづ子も心配で、父からのそんなアドバイスを息子に伝えている。だが、フォーム改造について、和泉はこんな考えを持っていた。

「斎藤のオーバースローは、球を担《かつ》ぎすぎてるところもあったから、ちょっと腕を下げさせたんです。担ぎすぎるピッチャーは下半身の開きが早くなる傾向がある。腕を下げたほうが、開きが改良され、脚の使い方がうまくなるんです。脚の使い方がうまくなったところで、腕の位置を戻すというのは、試合がない冬場の練習の方法論なんですよ」

それは、身体が早く開き、球が高めに抜けることが多かった斎藤に、下半身の使い方を叩き込む練習だったのだという。

「下半身をうまく使えって口で言っても、なかなかできるもんじゃない。そういうピッチャーには、少し横から投げさせるという練習はよくやるんです」

だが、その練習の真意について、和泉は斎藤に告げていない。フォーム改造の時期――それは斎藤の野球部生活にとって、いちばん苦しい時期だったに違いない。

「母さん、なんだか疲れちゃった」

この一年の冬、斎藤は、母・しづ子に一度だけSOSを発している。群馬から出てきた母は、兄と一緒にアパート暮らしをつづけながら練習に励む斎藤と二週間、生活をともにしている。信頼されるエースへの道を模索して、斎藤は苦しんでいたのである。

やがて、斎藤は、一年上の高屋敷仁を押し退けて、エースの地位を獲得する。高屋敷と斎藤。ライバルでもあり、同時にお互いを高めあう仲間でもあった二人は、一緒にスポーツジムに通い、ピッチャーとして必要な筋肉をつけ、バネを鍛えるために、ひたすらトレーニングに励んだ。

二人のピッチャーが投げるボールは、着実にスピードが増し、キレも鋭くなっていく。だが、先発斎藤、抑え高屋敷という「二枚体制」が定着する春季東京大会でも、早実は勝ち抜くことができなかった。

早実は、平成一七年夏の全国高等学校野球選手権大会西東京大会に、ノーシードで臨んだ。ピッチャーとしての斎藤の致命的欠陥。厳しいトレーニングにもかかわらず、斎藤のその欠陥だけはまだ克服できていなかった。

斎藤が二年生で初めてエース番号をつけて夏の大会に臨んだ市営立川《たちかわ》球場での拓大一高《たくだいいちこう》戦。その欠点は、早くもこの初戦で顔を出している。

初回から、快調に飛ばした斎藤が突然乱れるのは、八回裏のことだ。

西東京大会の序盤の好カードといわれた早稲田実業対拓大一高戦は、立ち上がりから得点を重ねた早稲田実業が、八回を終わって八対〇と一方的にリード。その裏を抑えれば、コールド勝ちという場面を迎えていた。

しかし、初回から一三〇キロ台後半のスピードボールとキレのいいスライダーを駆使して危なげないピッチングを披露していた斎藤がこの回、突然乱れるのである。

先頭打者をフォアボールで出すと、ヒット、三振、フォアボールで一死満塁。そして、次の打者も、フルカウントからフォアボールを出してしまう。

押し出しの一点。さらに次のバッターには、センター前に運ばれ、二点。その次のバッターの初球がワンバウンドになり、バックネットへ。たまりかねた和泉監督は、救援に高屋敷を急遽《きゅうきょ》、送らざるを得なくなる。

七回まで拓大打線をわずかヒット二本に抑えていた斎藤の信じられない乱れだった。

八対〇から、なぜ突然乱れたのか。

斎藤がいう。

「あの時は、コールド勝ちを意識してしまったんです。勝ちを急ぎすぎて焦りが出ました。やっぱり、微妙ですが、腕が振れなくなっていました」

人間が本来持っている欠点をなおすことは難しい。それが心理の奥底に起因するものなら、なおさらである。

初戦（二回戦）で拓大一高を破った早実は、三回戦では、錦城《きんじょう》高校を一一対一のコールドで下し、四回戦で都立武蔵丘《むさしがおか》高校をこれまた一一対一のコールド、五回戦の対東海大菅生《すがお》戦では、八対六、準々決勝の対都立日野台《ひのだい》高校を八対〇コールドで破り、勝ち進む。斎藤のペースが乱れた時は、三年の高屋敷が救援で出て、ピタリと後続を抑え込んだ。

早実は、斎藤—高屋敷という息の合った二枚エースで、敵をなぎ倒していったのである。

そして西東京大会準決勝。いよいよ早実は、優勝候補の筆頭で、西東京大会三連覇を目指す強豪日大三高との決戦を迎えるのである。

それは、斎藤の野球人生の中で、自ら「最大の試合」と振り返る大きな意味を持つ戦いとなった。

見抜かれた「欠陥」

「まずい」

主将であり、キャッチャーでもある武石周人は、神宮球場のブルペンで斎藤の球を受けながら、どうしようもない不安感に捕らわれていた。

「キレもスピードもない。これで三高打線を抑え込むのは無理だ」

平成一七年七月二八日、気温三〇度、湿度三九パーセントの真夏の神宮球場は、ノーシードから駆け上がった古豪・早稲田実業と、春の関東大会の覇者でもある優勝候補の筆頭・日大三高が準決勝で激突。事実上の決勝戦に、両校のOBやファンたちで、溢《あふ》れかえっていた。

斎藤にとって、神宮球場は初体験だった。いや、ブロック戦で敗退することが多かった早実にとって、チームの誰もがそれまで神宮を経験していなかった。

武石の不安は、初回、早くも的中した。突然、斎藤が乱れ出すのである。

それは一本の不運な安打に端《たん》を発していた。

初回、トップバッターを初球でファーストゴロに打ち取った斎藤は、幸先のいいスタートを切ったかに見えた。

だが、二番キャプテンの中山怜大《れお》にレフト前ヒットを打たれてからおかしくなった。叩きつけられた打球が、神宮球場の人工芝に跳ね、サードの村松聡一朗《そういちろう》の頭を越えていったのだ。

いわゆる〝神宮ヒット〟である。

早実ナインは、その呼び方で、この人工芝に叩きつけられるヒットを警戒していた。

しかし、次の三番千田《ちだ》隆之も同じく叩きつけてサードの頭を越えていくヒットを続ける。

日大三高打線は、鍛えられている。腰回りは大きいし、スイングスピードもほかの学校とはケタ違いに速い。そして、なにより神宮球場での戦い方を知っている。

それぞれのバッターが、人口芝に叩きつけるようなバッティングをしてくるのである。

初回、したたかな三高打線が、甘いコースに入ってくる斎藤の微妙なコントロールの乱れを見逃さなかったのだ。一死ランナー一、二塁。斎藤はたちまちピンチに立たされていた。

「気にするな」

武石は、すかさずマウンドに行った。

うなずく斎藤。しかし、緊張と動揺で明らかにいつもの表情とは違う。

斎藤の立ち上がりが悪いのは、珍しいことではない。ここで引きずらなければ、なんとかなる。武石は斎藤の立ち直りに一縷《いちる》の望みを託したのである。

「斎藤へのリードは、基本的に打たれるまでは真っすぐが中心です。初回にスライダーを投げさせても、ワンバウンドになったりしてストライクが入らない。真っすぐが打たれ始める頃に、スライダーが入り出す、という感じなんです。

でも、この日は、初めての神宮球場にも、そして日大三高にも呑《の》まれてしまっていた。普段は動じないタイプなのに、相手が三高で意識し過ぎていた」

関東ナンバー・ワンの三高打線は、やはり甘くなかった。

ほんの少しできた穴を、とことんこじあけていく。抉《えぐ》るように、そしてしたたかに攻め込んでくるのが、西東京の常勝軍団・日大三高の強さである。

つづく四番・多田《ただ》隼仁《はやと》は、鮮やかにレフトへ流し打ちのヒットを放ち、早くも先制点を奪う。だが、攻撃の手をゆるめない三高は、五番・後藤将延《まさのぶ》が三振したあと、六番・村上研斗《けんと》がスライダーをしぶとくレフト前に運び、二者を迎え入れて早くも三点。いきなり、斎藤は、三点のリードを許すのである。

あの試合はボールのいく場所がバラバラだったと、斎藤はいう。

「相手を意識しすぎていたんです。試合が始まってすぐ、警戒していた〝神宮ヒット〟がつづき、心理的に追い込まれた感じになっていました。

神宮では、(試合の)進行を速めるために時間を急《せ》かされるとも聞いていたので、切り換えるヒマというか、自分の中に余裕もありませんでした。相手のほうが何もかも上でした」

二回以降も斎藤は立ち直れなかった。

千田、多田、後藤ら、プロも注目する強打者がずらりと並んだ三高打線の迫力の前に、斎藤は本来の球のキレを見失ってしまったのである。

二回にも一点を許した斎藤は四回にも一点を許し、コースをつく微妙なコントロールをまったく発揮することはできなかった。

五回裏、三高の七番・二年生の田中洋平《たなかようへい》にすくい上げられた打球は、神宮の右中間の中段スタンドにライナーで吸い込まれた。

二死ランナーなし、一ストライク一ボールからの三球目。内角低めに厳しく入った斎藤得意のスライダーだった。

六対〇。

完全に勝負は決した。

「あれが打たれたら仕方がない」

と、武石が述懐《じゅつかい》すれば、田中は、

「うまく（バットで）払えた感じです」

という。

この球まで打たれるのか——。

二年生のスラッガー田中洋平にブチ込まれた斎藤は、マウンド上で愕然《がくぜん》としていた。

立ち直れない斎藤は、つづく八番の桑田祥平《しょうへい》にレフト前ヒット、そしてラストバッターの左腕ピッチャー大越遼介《おおこしりょうすけ》にライトにツーランホームランを浴び、降板する。

四イニングと三分の二を投げ、一一安打を浴び、失点は八という大惨敗だった。

精神面のコントロールがきかず、微妙なコントロールを失い、自滅していく。斎藤の致命的欠陥は、強豪日大三高を前にして、すべてさらけ出されてしまったのである。

実は、すでにこの試合に臨む前に、その斎藤が持つ欠点に気づいていた人物がいる。

日大三高野球部監督の小倉全由《おぐらまさよし》（四九）である。

甲子園の強豪校の中でも、横浜・智弁《ちべん》和歌山・大阪桐蔭《とういん》・明徳義塾らと並んで、毎年、全国屈指の強力チームを作り上げてくる小倉は、相手校の徹底的な分析とその攻略法構築に定評がある。

小倉が初めて斎藤を見たのは、五回戦での対東海大菅生戦だった。西東京の準決勝が雨で順延になって日程的に余裕ができたこともあって、小倉は早実との対戦の前に、菅生戦の斎藤をビデオで徹底的に分析していた。

「いいボールを持っているなあ」

小倉には、ビデオをひと目見て斎藤の好投手ぶりがわかった。しかし、同時にこの百戦錬磨の監督には、斎藤の欠陥が手に取るように把握できた。

小倉が述懐する。

「斎藤君はいい球を持っていますが、自分から崩れるタイプのピッチャーです。その崩れるきっかけは、デッドボールでもパスボールでも、ちょっとしたことでいい。たとえば、二死ランナーなしから、デッドボールを出すと、そのあとフォアボール、パスボール……と、自分でピンチを広げていきます。一試合に、そういうことが一、二回はあるピッチャーだとわかりました。こういう弱点を持つピッチャーはある意味、攻略しやすいんです」

あることがきっかけで、心理的に焦りや力みが生じ、腕が振れなくなる。そのために、斎藤は自らピンチを広げ、自滅していく。

たった一試合分析しただけで、小倉は斎藤の致命的欠陥を見てとったのである。

「（群馬の）太田からいいピッチャーが早実に入ったという噂は聞いていました。でも、この時は、斎藤君がその太田から来た子だということは知りませんでした」

王者・日大三高は、西東京で、どこよりも相手チームを深く研究し、分析し、対策を立ててくるチームだ。二年生の斎藤は、戦う前に三高偵察陣に丸裸にされていたのである。

勝負の非情さとは何か

斎藤を救援した高屋敷は、三高打線につけ入るスキを与えなかった。

フォーク、スライダー、ストレートを内外角に散らし、五回、六回を封じ込んだのである。

しかし、八点のビハインドはあまりに大きかった。早実は、六回表に押し出しで一点を奪うものの、反撃はそれだけにとどまった。

七回表二死ランナーなし。二ストライク一ボールからファウルで粘っていた代打、二年生の船橋悠のバットが空を切った。大越が投げたこの試合の一三一球目だった。渾身のスライダーが外角低めに見事決まったのだ。

「終わった……」

それまで声をかぎりに叫んでいたベンチの三年生も、ベンチ入りできず神宮の応援席で声を嗄《か》らしていた三年生たちにも同じ思いが広がった。

終わった。俺たちの高校野球は、これで終わった。

夢だった甲子園は、文字通り「夢のまま」終わってしまったのである。

一対八。七回表終了、コールドゲーム。

四試合連続コールドゲームで勝ち上がってきた日大三高は、やはりとてつもなく強かった。その強豪に、斎藤を五回途中から引き継いで一点も与えなかった高屋敷は、この大会、初戦の拓大一高戦から、斎藤を救援する形で四試合、計五イニングと三分の一を投げ、自責点ゼロ。つまり、防御率〇・〇〇で最後の大会を終えた。

ホームプレート前に並んだ日大三高と早稲田実業ナイン。日大三高のユニフォームが、やけに凛々《りり》しく強そうに見えた。高屋敷は、

「負けたらどうなるんだろう。やっぱり涙が出てくるんだろうか」

そう思いながら、最後の大会に臨んでいた。しかし、いざホームプレート前に並んで最後の挨拶をした時、不思議に涙は出てこなかった。

ベンチに戻り、高屋敷は、斎藤に声をかけた。

「斎藤、キャッチボールやろう」

「ハイ……」

斎藤の目は、真っ赤だった。三塁側の応援席の前で三年の高屋敷と二年の斎藤は、クールダウンのキャッチボールを始めた。

その時だった。

「高屋敷、ありがとうな」

「ありがとう！　ありがとうな、高屋敷」

「来年頑張ってくれよ、斎藤！」

　ベンチ入りできなかった三年生たちの声だった。応援席からクールダウンをする二人のピッチャーに、次々とそういう声が飛んできた。明らかな涙声も混じっていた。

　屈辱のコールド負け。頑張って、なんとかベンチ入りできなかった仲間たちも甲子園に一緒に連れていきたい。いや、絶対に連れていってみせる。

　そう思ってあらんかぎりの力を振り絞って闘った高屋敷。力及ばず強豪・日大三高の前に屈した自分たちに、そんな仲間たちの声が届いてきたのだ。

　その瞬間、高屋敷の目から、突然、涙が溢《あふ》れ出てきた。

　堰《せき》を切ったかのように、文字通り、涙腺が切れてしまったかのように涙がとめどなく溢れ出てきたのである。斎藤の姿や、彼が投げてくるボールさえ霞《かす》んできた。

「終わったんだ。本当に終わったんだ……」

　急に、高校野球が終わったという現実とともに、この三年間の出来事が次から次に高屋敷の頭のなかに蘇《よみがえ》ってきた。

　敗者には何もない。

　栄光を摑《つか》むのは勝ち抜いた者のみである。しかもわずか一度の敗戦ですべてが終わる。高校野球の過酷さは、そこにある。

　一年の夏からベンチ入りさせてもらった高屋敷は、期待のピッチャーの一人だった。身長一七〇センチとピッチャーとしては小柄な部類だが、カーブ、カットボール、フォーク、スライダー、ストレートの五種類を操るケレン味のない投球は、調子がいい時は、強豪校でも容易には打ち崩せなかった。なにより、その気迫に定評があった。

だが、調子の善し悪しがすぐにその日のピッチングに出て、どうしても期待に応え切ることができなかった。そんな自分が情けないし、信頼してくれる監督や仲間たちに申し訳なかった。

春季東京都大会で、都立城東《じょうとう》高校戦で打ち込まれて以来、エース番号を高屋敷は斎藤に譲っていた。

先発にはこだわっていなかった高屋敷は、自分が救援にまわること自体は、悔しくはなかった。しかし、もう少し、先発の斎藤を楽にさせるぐらいの揺るぎない力をつけたかった。

「それができていたなら」

「三年生としてもっとチームの大黒柱的存在になれていたなら……」

苦しかった練習の思い出とともに、そういう思いやさまざまな情景が高屋敷の脳裏に浮かんでは消えていった。

すでに早実は、甲子園から九年も遠ざかっている。その間、日大三高は、平成一三年に全国制覇を果たすなど、甲子園で強豪の名をほしいままにしていた。

その堅陣を今年も破ることはできなかった。かつて甲子園の常連だった名門・早実にとって、高校球児の晴れ舞台「甲子園」は、いつのまにか果てしなく遠い存在となっていたのだ。

高屋敷が溢れ出る涙を必死でこらえようとしていることに、観客の中で、いったいどれだけの人が気づいただろうか。

キャッチボールをしていなかったら、高屋敷はおそらく人目も憚《はばか》らず肩を震わして泣いたに違いない。

「もっとつづけていたい」

グラウンドを去りがたい高屋敷の思いは、クールダウンのためのキャッチボールをいつもより長めで入念なものにした。

五分ほど経っただろうか。

やがて、高屋敷と斎藤の距離が近づき、最後のボールを高屋敷は、斎藤のグローブにポンと置いた。その時、高屋敷は、

「斎藤……、ありがとうな」

と、いった。

二人で早実のマウンドを守ってきたこの一年。高屋敷の頭にはこの言葉しか浮かばなかった。心からこの後輩に、ねぎらいと感謝の気持ちを伝えたかったのだ。

「…………」

斎藤も真っ赤に泣き腫《は》らした目を誰にも気づかれたくなかった。うなずきながら小さい声で高屋敷に何かいおうとしたが、言葉にはならなかった。

斎藤も、心から尊敬できるこの先輩に、感謝の気持ちを伝えたかった。そして、自分の申し訳ないという思いを聞いてほしかった。しかし、帽子に隠された頬を伝う涙が斎藤にそれを許さなかった。

高屋敷が斎藤に手を差し出した。斎藤は、その手を握った。スタンドの三年生から拍手が起こった。

高屋敷に、痛いほどの斎藤の思いが伝わってきた。

その二時間後、南大沢の早実野球部合宿所で、「三年生を送る会」が始まった。最後の夏の大会で敗れた瞬間、最上級である三年生は、野球部を去るのである。合宿所に置いてある私物も何もかもを整理して、三年生は野球部を去っていく。

甲子園への夢が絶たれた瞬間に、最上級生にとって野球部は「過去の存在」となるのだ。早実野球部は、最後の試合のその足で合宿所に戻り、ここで父兄も参加するお別れ会が催される。いつの間にか、それが「和泉早実」の伝統となった。

神宮球場から南大沢の早稲田実業の合宿所まで、およそ一時間。和泉監督が運転するバスの中は、甲子園への道が絶たれた無念と、緊張と呪縛《じゅばく》から解放された不思議な感情が交錯していた。

父兄も交えてグラウンドで記念撮影をした三年生たちは、合宿所二階のミーティングルームに集まった。

部員全員が、三年生を迎えた。やがて、三年生たちの挨拶が始まった。

一人一人が、監督や親たちへの感謝の言葉を述べ、三年間の思い出を語った。

前の年から早実野球部のコーチとなったOBの江口昇《のぼる》（六八）にとって、「送る会」は初めての経験だった。

「三年生は三三人いました。代表が一人だけ挨拶して終わるのかと思ったら、一人一人が話していくんです。驚きました」

と、江口は、その模様についてこう語った。

「父兄と後輩たちが、黙ってその話に耳を傾けました。一人で一五分話すのもいれば、三分で終わるのもいる。みんな泣きながらの挨拶でした。聞いている後輩たちも、泣きながら聞いていました。私も、それぞれ、ああ、こいつはこんなことを考えていたのか、と新鮮な思いで、聞かせてもらいました。

人間ってやっぱり〝別れ〟がつらいじゃないですか。同じ釜のメシを食った人間との別れは、特につらいものです。私には、最後まで（WASEDAの）ユニフォームを着ることができなかった補欠の三年生たちの挨拶が特に感動的でした」

精一杯やったが、最後までユニフォームを着ることができないまま、野球部を去っていく三年生。その悔しさと、逆に最後までやり遂げたという達成感が、万感胸に迫る言葉となって、それぞれの口から迸《ほとばし》った。

誰に言われたわけでもないのに、一人一人が、親への感謝の言葉を口にした。親に、指導者に、仲間に、そして後輩に――それぞれの思いが告げられていく。

家では親に感謝の思いなどおくびにも出さない息子。その息子が、人前でそういう言葉を出したことに、迂闊《うかつ》にもハンカチで目頭を押さえる父兄が相次いだ。

声を殺して必死に嗚咽《おえつ》をこらえる母親もいた。そこには、レギュラーも補欠も、そんな違いはどこにも存在しなかった。

この連帯感こそ、早稲田実業野球部の伝統である。

故和田明監督時代、一五年間にわたって野球部長を務め、名物部長として名を馳《は》せた大森貞雄は、平成一六年に退任する際、早稲田実業のホームページに〈早実40年間を振り返って〉と題して、野球部についてこんな一文を残している。

〈都大会でも甲子園大会でもメンバーを発表する時ほど緊張することはありません。

部員一人ひとりの目が私をじっと見つめます。多くの観衆の前で自分のプレーを披露できるか、できないかを分ける一瞬だからです。

メンバーを発表したあと、選ばれたものの責任と選ばれなかったものの協力の大切さを話すのが私の役目でした。

ある夏の都大会で高熱を発したエースを３日間も徹夜して氷で冷やしてくれた部員、選手より何時間も早くグランドに来てグランドに溜まった水を抜いて試合ができるようにしてくれた部員、学校帰りに他校の生徒から因縁《いんねん》をつけられ、あとで脳波に異常が出るほど殴られながら、ここで殴り返してはみんなで勝ち取った選抜大会が出場停止になると我慢し続けた選手などなど。部員諸君の忍耐と努力に頭が下がります。

一人ひとりが切磋《せっさ》琢磨《たくま》し甲子園という大きな目標に向かって結集する姿の素晴らしさは授業しか出ていない教師では決して味わうことができない貴重な経験でした〉

誰もが黙って聞き入るような三年生の挨拶が、続いていた。

やがて、高屋敷の番が来た。

斎藤が述懐する。

「高屋敷さんは、自分はやることは全部やった、だから悔いはない、という挨拶をしたんです。

この高屋敷さんの言葉は、今も心に残っています。自分も悔いは絶対に残さない、見習いたいと思いました」

この時、高屋敷は、挨拶の最後に斎藤に向かって、こう語りかけている。

「斎藤。来年、お前は期待されると思うけど、お前のことは、誰よりも俺がいちばん期待しているからな。自分がいなくなって、(上級生に)気をつかう部分もなくなると思う。お前らしく、頑張ってな……」

高屋敷は、敢えて、「お前らしく」という言葉を使った。斎藤は小さくうなずいた。こみ上げる涙を誰にも気づかれないように。

マウンドは孤独だ。

渾身の力を込めて白球を投げ込む。その時、助けてくれるものは誰もいない。頼れるのは、自分の力だけである。

高屋敷はその孤独さを知っている数少ない先輩だった。

その先輩からの貴重な言葉だった。

斎藤は、マウンドに立つ自分の背中に多くの人の思いが凝集していることを、この時、初めて知ったのかもしれない。

ひょっとしたら、自分は、みんなの代表としてマウンドに立ち、そして投げているだけなのではないか。

斎藤は、この時、勝負に勝つことの真の意味を知り、その執着心が誰よりも強くなったのである。そして、スタンドで応援してくれる仲間への感謝の心も。

勝負の非情さとは何か――。

勝負の世界に生きる男。斎藤が、本当の意味で、「勝負の世界」に身を置いたのは、それ以後のことである。

あの全国制覇から一ヵ月。

平成一八年九月下旬、アメリカ遠征も終え、来るべき国体に向けて南大沢の王貞治記念グラウンドで調整に励む斎藤に、一年以上前になる日大三高戦で学んだことを、聞いてみた。

斎藤はすかさず、

「僕は、日大三高に負けたこの試合で、野球に対する考えがまったく変わりました」

と答えた。

それはどういうこと？

「僕は、それまで野球というのは、球にスピードがあって、キレのあるスライダーを投げられて、威力のある球があれば打たれない、勝てるものだと思っていました」

それだけでは野球は勝てないと？

「そうです。その考えは間違っていました。僕は勘違いしていたんです。球が凄いだけでは、野球は勝てない。野球とはそんなものではないことを、日大三高が僕に教えてくれました。野球は、投げる技術だけでは勝てないチームがあるんです」

三高はどういうところが凄いの？

「テンポです。パワーとか技術とかそんなものだけではない。流れというか、試合のつくり方を知っている。すべてが凄いです」

ちょっとしたミスも許されない？

「そうです。小さくても穴をあけられると、ぐいぐいと突っ込んでこられます。ここを倒すには、普通ではだめなんです。自分にとって、最大のライバルです」

投げる技術以外のものとは何？

「自分で考えることです。どうタイミングを外し、どうかわすか、どこを突いて、どこで逃げるか。すべてが大切です」

野球って奥が深い？

「そう思います。僕は日大三高戦の前とあとでは、〝違う人間〟になったと思います」

違う人間になった——。それは、どういう意味だろうか。

斎藤は、こちらの問いに、何か言葉を探しているようだったが、なかなか出てこなかった。

ひょっとして、この試合を経て、初めて斎藤は「勝負師」、そして「勝負の鬼」になったということなのだろうか。斎藤は、こちらが出した「勝負師」と「鬼」という言葉に、大きくうなずいた。

「そうだと思います。その意味で、この日大三高戦は僕の野球人生を変えてくれた最大のものだと思います」

斎藤は、明快にそう答えた。

すると、君は日大三高には足を向けて寝られないね、と冗談めかして問いかけると、

「そうですね」

と、斎藤は、涼しげな瞼《まぶた》により一層、柔らかな光をたたえて笑った。

第四章

焼け跡の猛練習

［上］早実野球部復活の立役者・荒川博のピッチングフォーム。
［下］戦後初めての公式戦で勝利を収めた時の早実ナイン。

廃部になった野球部

のちに王貞治の一本足打法を二人三脚で完成させた名コーチ、荒川博《あらかわひろし》（七六）が、早稲田実業の門を叩いたのは、昭和一八年四月のことである。

戦前、名門の名をほしいままにした早稲田実業が、戦後も東京の伝統校として復活し、高校球界をリードできたのは、いくつかの偶然と、それに携わった現役、ＯＢたちの苦難の道があったからである。その中で、避けて通れない人物が、荒川である。

大正九年創業の浅草の果物店「水亀《みずかめ》」に、昭和五年八月、八人きょうだいの四人目として荒川は生を受けた。父亀吉《かめきち》と母ツルは、浅草の観音さまの御用達として家業に忙しく、荒川は、幼い頃から店で働く従業員の青年（小僧と呼ばれていた）に可愛がられ、物心がついた頃から、相撲や野球に親しんでいった。

「小僧たちが、私をダシに使うわけです。〝坊ちゃんが相撲を見たがってます。あるいは、野球に連れていってほしいと言ってます〟という具合にね。おかげで、小さい頃から相撲と野球には親しみました」

頭にすっかり白いものが目立つようになった荒川は、幼い頃をこう振り返った。

「特に〝政《まさ》ドン〟という小僧が野球好きでね。政吉という名前の石巻出身の人だった。彼が、よく神宮球場へ連れていってくれたんだ。

当時は、職業野球なんてまだ人気もなくて、やっぱり学生野球が花形だった。政ドンが早稲田の大ファンでね。浅草観音の裏にうちの店はあったんだが、その隣が電気屋でね。この電気屋のご主人が熱狂的な慶応のファンだったんだ。その影響もあったんだろうね。対抗意識か、僕と政ドンは、早稲田ファンだった。政ドンはのちに、戦死したけど、俺はおかげで七つ八つの頃から、野球に大いに親しんだわけよ」

その後も荒川少年の神宮球場通いは続いた。

「慶応のライトに、別当《べつとう》さん（薫《かおる》・昭和一七年には東京六大学の春季リーグ戦で当時史上最高打率の五割を打ち、首位打者に輝く。プロ入りしてからも選手、監督として活躍し、昭和六三年野球殿堂入り）とかがいる時もよく観に行ったたね。僕たちは、ライトスタンドから、目の前にいるその別当さんをヤジり倒すわけよ。まさか、その時には、のちにその別当さんが自分の仲人になってくれることや、自分自身が神宮でそのライトのポジションを守ることになるなんて、夢にも思わなかったけどね」

小さい頃から早稲田ファンだった荒川が、早稲田実業に進むのは、当然のなりゆきだった。しかし、野球少年・荒川が、早実の門をくぐった時、すでに名門・早実野球部は影も形もなくなっていた。

「昭和一八年は、野球なんて言ってる時代じゃないよ。野球部はすでに廃部になっていたし、武《む》蔵関《さしせき》のグラウンドも、大根と芋の畑よ。野球やりたくたってできるもんじゃなかったね」

軍事教練に明け暮れ、武蔵関の元の野球部グラウンドでとれた大根をかついで早稲田鶴巻町の学校まで帰ってくるという「行軍」まで、全校生徒がおこなう時代になっていた。

荒川より四つ年上の宮井《みやい》勝成《かつなり》（八〇）は、昭和一四年に早実に入学し、野球部が廃部になる時も、実際に部に在籍していた一人だ。

宮井はこう回想する。

「私はすぐ上の兄貴（正治《まさはる》＝後述）が早実野球部だった関係で、いろいろ優遇されましてね。早実野球部は通常二年までが軟式で、三年から硬式になるのですが、私の場合は、二年から硬式をやらせてもらいました。昭和一六年、三年の時には、戦前最後の選抜甲子園大会にプラカードを持って入場させてもらいましてね。プラカードは、今では地元の女子高生が持って入場の先頭を歩きますが、その時は、その学校の補欠が持たせてもらえたんです。そりゃ甲子園を行進できたんですから、嬉しかったですよ。

うちは、阿佐谷《あさがや》で酒屋をやってたんだけど、親父が和歌山出身の野球好きでね。おまけに早稲田ファンときてた。それで四人兄弟のうち、いちばん上をのぞいて、みんな早実の野球部に入ったんですよ。私の兄貴がなかなかのプレーヤーで、おかげでそういう入場行進のプラカード役ということまでやらせてもらえたんです」

だが、この選抜大会のあと、一六年夏の甲子園は中止。そしてこの年の一二月八日には、日本が真珠湾攻撃を敢行し、太平洋戦争が勃発。いよいよ野球どころではなくなるのである。

「早実野球部も廃部になり、武蔵関のグラウンドも、一面、大根畑ですよ。これを一本一本引っこ抜いて、全校生徒がかついで学校まで帰ってきたものです。一、二年の時はなかったが、三年になると軍事教練も始まってね。早実は、戸山《とやま》が原がすぐ近くにありましたから、軍事教練をここでよくやりました。銃剣道や、ほふく練習など、随分やらされましたよ。あの時代に野球のことなど、とても考えられませんでした」

と、宮井はいう。軍国一色となった当時の日本で、野球部が存続できるはずがなかったのである。昭和一七年一月一九日付の「読売新聞」には、〈麦ふむ学生〉と題して、一面畑となった早実の武蔵関グラウンドのことが、写真つきで紹介されている。

〈国防色の作業服に巻ゲートル、運動靴姿、中にはシャツも靴もかなぐり捨てて、早春の陽光を背一杯に浴びた若者の一隊がザックザックと〝麦ふみ〟に余念がない。

板橋《いたばし》区上石神井町《かみしゃくじいちょう》二丁目西武電鉄の沿線近く人家も少ない畑の中にある早稲田実業学校グラウンド内の麦畑で、同校の坂本光男先生以下三年生の生徒達が土曜日放課後の半日を割いて本年最初の「麦ふみ」と堆肥の切返えしの作業なのだ。（中略）

同校のグラウンドの周囲にある二千余坪の空地をただ遊ばせて置いては勿体ないと生徒の勤労精神の涵養《かんよう》と体力増進を目指して此の作業が始められたのは一昨年六月、昨年は見事な練馬大根六千本、馬鈴薯七百貫、薩摩芋三百貫、大麦十二俵と云う素晴しい成績である〉

記事につけられた写真には、畑の中で鍬をふる生徒の姿が映し出されている。ここが名門早実野球部の伝統を支えたグラウンドであったことはひと言も触れられず、ただ「二千余坪の空地」と表現されているところが、なんとも悲しい。

荒川が入学してきたのは、野球部が廃部になり、こうして武蔵関のグラウンドが完全に畑と化してのちのことだったのである。

屈辱のコールド負け

荒川は昭和二〇年三月一〇日の東京大空襲に遭遇している。

この日、深夜に始まった二時間あまりの空襲は、現在の墨田区《すみだ》・江東区域《こうとう》を中心に、未曾有《みぞう》の被害をもたらすことになる。

死者は一〇万人以上、焼失家屋はおよそ二七万戸を数え、被災者も一〇〇万人に達するという悲劇だった。荒川は、この空襲で、八人きょうだいの中で、女ばかり四人を失っている。

「俺自身もよく生きていられたなあ、と思いますよ、東京大空襲があった時は早実二年の終わりよ。いよいよ空襲が本格的になった時は、すでに家族は逃げて家は俺だけだったね。

俺は一人で隅田川《すみだがわ》にかかる言問橋《こととといばし》を逃げたんだが、橋の上が人で埋まって身動きがとれなくなってしまった。

そのうち、逃げる人の大八車の荷に火がついちゃってね。身動きできないから隅田川に飛び込もうと思って、欄干《らんかん》から下を見たら、火の粉が川面を渦巻いているんだ。火が川をグルグル廻ってんだからね、怖かったよ。

こりゃやばい、と思って飛び込むのをやめて、必死で人をかきわけて、なんとか向こう岸に逃げた。翌日、言問橋に戻ってきて仰天したよ。橋の上が黒焦げの死体ばかりになってるんだ。本当に危なかったね……」

荒川家は、行方不明になった姉妹四人を二ヵ月にわたって捜索するが、ついに遺体すら発見できなかった。

「親父ががっくりきて、それから急に年がいっちゃってね。可哀相で見てられなかったよ。店も焼かれたから、それからは食うのに必死。お袋が買い出しに行って、いろいろなものを露天で俺が売ったね。それで、なんとか食いつないだのよ」

荒川が早稲田実業の三年生の時に、終戦。早稲田鶴巻町は焼け野原で、学校も校舎は焼け落ち、校庭は廃材や石ころだらけになっていた。

翌二一年、早実の四年生になった荒川は、夏前の六月、英語教師の坂本義男から突然、声をかけられた。

「荒川、今年から甲子園が再開されるらしい。すまんがチームをつくってくれ」

坂本は、荒川にそうもちかけたのだ。

当時、荒川は運動神経抜群の〝ガキ大将〟だった。荒川にやらせれば何とかなる、と坂本は考えたに違いない。坂本は後述するように、荒川と組んで王貞治の早実入りに尽力する人物である。

その意味では、荒川とともに、早実野球部の歴史を語る中で、欠かすことのできない人物の一人である。

一方、もちかけられた側の荒川は困惑した。

もともと野球好きでは人後に落ちないが、やれ、と言われても、野球の道具はないし、そもそも校庭は石ころだらけだし、戦前の野球部の伝統を支えた武蔵関のグラウンドも、前述のように大根畑と化している。

「やれといわれたって、いったいどうやってやるのかと思いましたよ。でも、もともと俺は野球は好きだからね。なんとか野球のできそうな奴を集めて人数を揃えたんですよ。それで大会に参加しました」

戦後再開された最初の大会。第二八回全国中等学校優勝野球大会の東京大会は、昭和二一年七月一五日、開幕した。

『白球譜　東京都高校野球のあゆみ』（東京都高等学校野球連盟・昭和六三年六月刊）には、

〈平和の青空　復活の日〉

と題して、この時のことがこう描写されている。

〈7月15日は朝から夏空が広がった。最高気温、34・3度。都予選の幕が開き、都内4球場で、計11試合が行われた。午後二時半、小石川区の高師《こうし》グラウンドで、付属中―攻玉社《こうぎょくしゃ》中の1回戦が始まった。

攻玉社のユニホームは借り物で、地下タビ姿もいた。そろいのユニホームを着た付属中にも白タビの選手がまじっていた。（略）大会第一日、といっても開会式はなかった。球審が右手を高く上げて「プレーボール」と大声を響かせた。この試合が「復活初日」にあったことを覚えているものは、もはや両チームにすらいない……〉

それは、昭和一六年を最後に甲子園大会が中止になって、五年目の夏だった。

瓦礫《がれき》の中から「戦後日本」が立ち上がろうとした時、平和の象徴である甲子園大会の予選は、真っ先にその復活の声をあげたのである。

早稲田実業で荒川がかき集めた部員たちは、ほかの多くの学校と同じく、大した練習もできないまま東京予選に突入する。

一回戦では、高千穂《たかちほ》中学と対戦。荒川たちは、これを一六対六の大差で退け、早実にとって記念すべき戦後公式戦初勝利を挙げている。

そして、二回戦。相手は、開幕戦に勝利した高師付属（東京高等師範学校附属中学・現在の筑波大学附属高校）だった。

荒川は、この試合こそ早実復活のために最も重要な試合になった、という。

「たしか茗荷谷《みょうがだに》かどこかの高師付属のグラウンドでやりました。それが、うちはまったく歯が立たなかったんだ。忘れもしない一〇対〇でコールド負けですよ。投打ともに相手にならなかった。これは大きかった。なにが大きいって、この敗戦で早実ＯＢたちの目が覚めたんですよ」

この屈辱の大敗を、荒川はそう表現する。

高師付属は、そのまま東京大会で優勝し、復活した第二八回全国中等学校優勝野球大会に出場。ここでも健闘し、優勝した浪華《なにわ》商業に敗れるものの、見事準決勝まで進出し、甲子園で東京代表の名に恥じない戦いぶりを示すのである。

しかし、戦前にすでに一四回の夏の大会出場を誇る名門早実にとって、コールド負けなどは到底許されないことだった。

「おまえたちは、早実の歴史を汚した、というわけよ。こっちにしたら、あの戦後のどさくさの中で、そんな伝統や歴史が早実のどこに残ってたんだ、と言いたかったよ。でも、この敗戦でかつて名門を支えた先輩たちが、このままじゃいかんと、どんどんやってくることになっちまったんだ」

その中に宮井正治がいた。昭和一三年卒業の大先輩で、のちに王貞治投手を擁してセンバツで全国優勝を果たす宮井勝成監督の実兄である。陸軍にいた宮井は、南方のジャワから復員してきたばかりだった。

「この宮井さんが怖い人でね。ケンカが強くて、〝エンジの正《マサ》〟なんていう異名を持った人だった。エンジというのは〝高円寺《こうえんじ》〟のエンジですよ。なんでも高円寺とか阿佐ヶ谷とかで、そういって恐れられているという噂だった。早実野球部でも名内野手でならした男で、そのマサが、このまま放っておけない、とコーチとして乗り込んできたんですよ」

聞きしにまさる早実の猛練習がそこから始まった。ちょうど大学野球がオフシーズンに入り、早稲田大学の戸塚球場（のちの安部球場）が使い放題だった。お前らは情けない、とばかり、エンジのマサは炎天下、朝から晩までノックバットを振りつづけた。

「今でもあの戸塚球場があった場所に近づくと、息が苦しくなります。だから、あそこには行きたくないんですよ」

荒川がこう語るほどの地獄の練習がひと夏、繰り広げられるのである。ここに〝総監督〟として朝日新聞の運動部記者でもあった久保田高行《たかゆき》（大正一一年卒業）が加わり、選手に罵声を浴びせながらの練習がつづくのだ。それは、

「この地獄の練習があればこそ、その後の早実はある。あれで名門早実が一気に復活したんです」

と荒川が述懐《じゅつかい》するほど過酷なものだった。

昭和六年夏のエースで四番、そして中京商業との死闘に敗れた島津雅男も、後輩たちの面倒を見るために、時間を都合してコーチに駆けつけてきた一人だ。

「温厚な島津さんが怒った姿を見た人は少ないですが、この頃は、島津さんも怖かったですよ。ある時、俺が足にデッドボールを受けて、痛くて身動きできなかったら、そんなことで痛がるな

って、偉い剣幕で島津さんに怒られたことがあります。先輩たちは、強い早実をなんとかして復活させたかったんだね」

と荒川はいう。実際、この昭和二一年夏の猛練習を経て、早実は雄々《おお》しく復活している。

「戦後のあの時期ですから、当然、栄養失調の奴もいます。みんなガリガリですよ。朝飯も昼飯も食ってない死にかけのような連中相手にあれだけの厳しい練習をやったんですから、強くならないほうが不思議ですよ」

半年後、早稲田実業は、宿敵・高師付属に雪辱し、名門復活を高らかに宣言するのである。

猛練習を背景に次第に実力を上げた早実は、やがて、エースで主砲の荒川のワンマンチームができあがる。そして、昭和二三年春のセンバツに出場し、初戦で神戸二中に一対二と惜敗するものの、全国の野球ファンに「名門早実」復活を印象づけた。

早実の最上級となった荒川は、左腕から繰り出すドロップと内角をつくストレートを武器に、春から夏にかけて一八連勝を記録し、

「関東で荒川の球を打てる打者はいない」

とまで新聞に書かれるほどの実力を示すようになる。

その間、多くの戦前の伝統校が、戦後の復活を果たすことなく、球史の彼方に消えていった。だが、早稲田実業は、荒川という類いまれな実力を持った〝ヤンチャ坊主〟の奮闘によって戦後高校球界という大空へ向けて、見事、離陸を果たしたのである。

荒川の高校野球は、昭和二三年夏の東京大会準決勝で島岡吉郎《きちろう》監督（のちの明治大学監督）率いる伏兵・明治高校に〇対五で完敗して、終わる。

終戦直後の中学野球から新制高校の時代にかけて、早実の伝統をエース、主砲、主将の三役をこなして支えた荒川の時代は、こうして終焉《しゅうえん》を迎えたのである。

のちに甲子園や神宮で審判を務め、野球連盟の役員を歴任した明治高校野球部ＯＢの郷司裕《ごうしひろし》は、この時、島岡監督の横でマネージャーとしてスコアをつけていた。

郷司は、『早実野球部史』にこんな一文を寄せている。

〈「ツーアウトしまって行け！」

島岡監督の甲高い声が聞えた次の瞬間、明治高は早実に勝ちました。

昭和23年夏第30回全国高校野球選手権大会東京大会の準決勝戦でした。当時未だ名もない明治高校が天下の早実に、しかも東京の№1荒川博投手を打ち崩しての事でした。

其の感激がそれ以来明治高が東京大会で優勝を狙えるチームに育った様に思います〉

明治高校の大殊勲によって、荒川の夏の甲子園出場、そして全国制覇の夢は絶たれた。ちょうど一〇年後、荒川の愛弟子である王貞治の前に、再びこの明治高校が立ちはだかる運命が待っていようとは、この時は誰も想像していなかっただろう。

その後、早実は昭和二六年、夏の選手権にも戦後初の出場を遂げ、日大三高、慶応高校、明治高校などとともに甲子園へと鎬《しのぎ》を削る時代を迎えるのである。

第一回大会の無念

早稲田実業野球部が産声をあげたのは、明治三八年六月のことである。

早実野球部OBで、その人生の大半を早実野球部に深くかかわって過ごした朝日新聞運動部記者の久保田高行は、その著書『高校野球百年』（時事通信社）にこう記述している。

〈一高が他に率先して野球部をつくったからこそ、その後、各地の中学校に野球熱が燎原《りょうげん》の火のようにひろまってゆき、高校野球が、いな、わが国のすべての野球がこんにちの隆盛を見る動機となっている点である。つまり、明治十九年の一高野球部の誕生が現在のわが国野球界の発展の端緒となっていることである。

もしこのときに一高が野球部ではなく、他のスポーツ、たとえば庭球部とか蹴球部を創設していたとしたならば、こんにちの甲子園の高校野球大会が、あれほど盛大におこなわれているかどうかわからないだろう。その意味で一高が野球界に残した功績は、じつに大きなものであった〉

その〝燎原の火〟の一つが、早稲田実業野球部だった。

大正四年に選手権大会（当時は、豊中《とよなか》球場で開催された）が始まった時、すでに早実野球部は、創部して一〇年が経過していた。

早稲田実業は、その第一回大会にも出場している。

大会前の下馬評では、神戸二中とともに、東西の優勝候補として挙げられていた。早実は、その神戸二中と初戦で激突し、二対〇で下し、記念すべき初勝利を歴史に刻んでいる。

『早実野球部史』には、この時の様子がこう記されている。

〈この勝利に在阪校友の歓喜はいやが上にも挙がった。この夜宿舎である大阪梅田の金龍館《きんりゅうかん》別館には、多数の校友が押掛け〝優勝も決まった！〟とばかり、明日の試合を気にする選手たちをよそに、夜中まで勝利の祝宴が続けられた。

大方の予想に反して第2戦の秋田中に1－3と敗れてしまった。甲子園の常連校といわれながら、昭和32年春に優勝を記録している以外〝早実野球部史〟に甲子園における〝優勝皆無〟の原因の一つに、この秋田中戦の敗戦が災いしていることも考えられよう〉

のちに野球殿堂入りする岡田源三郎《げんざぶろう》は、この時、早実のキャッチャーとして第一回大会に出場している。

抜群の野球センスを持ち、学生野球の父・飛田穂洲に「球の子」とまで称された岡田は、早実卒業後、明治大学に進み、捕手を始め全守備位置をこなす天才ぶりを発揮して職業野球でも活躍した名選手である。昭和初期に明大野球部監督として辣腕《らつわん》を振るった岡田は、中京商や松山商など、全国の強豪校を指導して、多くの逸材を育てたことでも知られている。

老年に到っても全国の学校をまわり、生涯、野球指導から離れることがなかった岡田にとって、自身の現役時代に全国優勝を逃したことは、悔やんでも悔やみきれないことだっただろう。

昭和五二年に八一歳で野球一筋の人生を閉じた岡田も、しかし、まさか、母校その悲願達成まで八八回もの大会を経なければならないとは、想像もしていなかったに違いない。

早稲田実業のライバルとなったのは、慶応普通部だった。第一回大会への出場を早実に譲った慶応普通部は、翌年の第二回大会には予選決勝で早実を一三対九で破り、全国大会へ。そのまま一回戦で愛知四中を六対二、準々決勝で香川商業を九対三と撃破。

準決勝では、和歌山中を七対三、そして決勝でも市岡中を六対二と破り、見事全国制覇を果たすのである。

ライバル慶応普通部は全国制覇。しかも初めての出場で――。

全国優勝という悲願が、早稲田実業のトラウマとなりつづけた理由の一つに、ライバル慶応普通部があっさりと全国制覇を成し遂げたということも挙げられるのである。

「アキラ」と「ノボル」

昭和二八年四月、早実野球部の歴史を語る上で欠かせない人物が入学してくる。のちに、早実野球部監督を二七年間にわたって務めることになる和田明である。

和田は、昭和一二年、東京の板橋に生まれた。三男四女の七人きょうだいの末っ子である。父・佐平が一歳の時に病死したため、和田は父の顔を知らずに育っている。中学時代に母・キクも失う和田は、年の離れた姉、兄に親代わりで育てられた男である。

板橋第一小学校に入学した和田は、

「アキラ」

「ノボル」

と、生涯、呼び合うことになる親友に出会っている。

早稲田実業から東京ガスに進み、選手、監督として活躍し、平成一六年八月からは、母校早実野球部のコーチに就任した江口昇である。

和田明と江口昇。

石神井川が近くを流れ、中山道《なかせんどう》が走る板橋に生まれ育ったこの二人は、板橋第一小学校の一年生として出会った。昭和二〇年五月の大空襲も二人は経験している。

「お袋に連れられて、迫ってくる火を見て逃げましたよ。でも、どうせ死ぬならうちで死のう、と家に戻りましてね。幸いなことに、火が一〇〇メートルほど先で止まりました」

江口は、小学生の時に遭遇した空襲のことをそう語る。和田も、家の近くまで火が迫り、家の裏側一帯は、ほとんど焼け野原になったという。

やがて二人は、ゴムのボールを棒の切れっ端で叩く草野球の虜になり、板橋三中に進んだ時には、甲子園に強い憧れを持つ野球少年になっていた。

「テレビもない時代ですから、甲子園といっても実際には何も知らないわけですよ。でも、おぼろげながら、二人とも甲子園への憧れを抱いてましたね。当時は道具もろくにない時代です。私は左投げですが、左用のグローブなどという贅沢なものはありません。右投げ用のグローブの紐《ひも》を外し、中の綿も抜いて、自分用のグローブをつくって使いました。和田は内野手で、私は外野手。一緒に野球の強い学校に入りたいと思っていました」

その頃、中学の野球部の指導に来てくれていた先輩が、和田と江口に、甲子園へ行くなら早実だぞ、と熱心に勧めてくれたという。

つてを辿《たど》った江口の父親が、当時の早稲田実業の校長、浅川栄次郎《えいじろう》を紹介してくれて、二人は浅川校長に面会。早実への道が開かれるのである。

昭和二八年春。

まだ時折、霜が降りるような寒さが残る中で、早実は、目白の学習院大学内にあるグラウンドで練習に励んでいた。三月終わりからの第二五回選抜甲子園大会に出場することが決まっていた早実は、関係の深かった学習院大学野球部の厚意で、都内で唯一霜の降りないグラウンドと言われていた学習院グラウンドを使わせてもらっていたのである。

入学が決まっていた二人は、この練習に来るように声をかけられ、練習着の入った風呂敷を持って、学習院グラウンドにやって来た。しかしこの時、二人は、目の前で繰り広げられている先輩たちの練習の迫力に圧倒され、監督やコーチに声もかけられず退散している。

江口がいう。

「威圧感というか、迫力があったね。それまでわれわれは軟式しかやってないから、やっぱり硬式の迫力というものもあったんだと思う。その時、私が身長一六七センチで、和田が一六〇センチぐらいだったと思うが、やっぱり早実の選手は体格もよくて、圧倒されてしまったんです。誰にも声もかけられず、すごすごと帰ったんですよ」

これではいかん、と、二人は意を決して翌日、監督に声をかけている。

この時の早実の監督は、時枝実《ときえだみのる》。

「おう、入れ」

時枝のそのひと言で、二人は無事、グラウンドの隅で球拾いをさせてもらうようになる。こうして、二人と早実野球部との〝切っても切れない縁〟はスタートするのである。

過酷な「しごき」と「指導」

当時の早実は、練習の過酷さもさることながら、先輩による後輩への徹底した〝指導〟に定評があった。多くの新入部員が、その辛さで野球部を辞めていった。

江口がいう。

「これはつらかったね。声が出てない、グラウンド整備がなってない、気合いが入っとらん……あらゆる理由をこじつけられて殴られました。私がいちばん殴られましたね。お前は汗をかきすぎだ、と言われて殴られたこともあります。

ボールが一個足らなくても殴られます。平手の時もあれば、拳固《げんこ》の時もありました。夜、練習が終わってボールが一個足らないとなると、一年生は真っ暗な中、横に一列になってゴロゴロとグラウンドを転がっていくんですよ。真っ暗で何も見えませんから、そうやって、身体に触らせる方法で一個のボールを探したもんです。

おかげで毎日のように新入部員がやめていきましたよ。私らの時は、高校から入ってきたのが八〇人、中学から上がってきたのが四〇人ぐらいいて、あわせて一二〇人ほどいました。でも、三日で八〇人になり、夏には五〇人になり、一年経ったら三〇人ぐらいになっていました。結局、卒業まで残ったのは、二〇人しかいませんでした。毎日毎日、ただ走るだけで、ボールに触らせてももらえず、先輩からブン殴られるだけですから、やめていくのも当然ですよね」

新入部員がいくら多くても、こうして淘汰《とうた》され、毎日のように人は減っていったのである。その中で江口は、入部早々から打撃を買われて、先輩にまじってバッティング練習をさせてもらっていた。そのため、

「余計、先輩たちの集中攻撃を受けて殴られ、口の中なんかいつも傷だらけでした」

では、江口がそれでも野球部をやめなかったのはなぜだろうか。

「和田が、毎朝、自宅に迎えに来てくれたんですよ。絶対に野球部をやめない、ってね。俺はず

ぼらな性格だったんだけど、和田は几帳面だった。家が近いから迎えに来てくれて、王子電車で三年間、一緒に通いました。

朝、新庚申塚《こうしんづか》駅まで行って、路面電車の王子電車に乗り換えるんだが、和田と二人で、一緒によく走りましたよ。王子電車は、のろのろ遅いから、走ると追いつくんです。続けられたのは、和田のおかげです。俺にとっては、和田が兄貴みたいな存在になってましたね」

どこの伝統校もそうであったように、早実でも先輩の〝しごき〟は、名物のようなものだった。

江口が卒業して入れ代わりで早実に入ってくる王貞治も、そのしごきについては、『早実野球部史』にこんな一文を寄せている。

〈若い時というのは無茶苦茶な事を考えるもので「早実に入って、自分の力で日大三高を破って、早実を甲子園に出そう！」なんて、大それた気持ちを抱きながら早実に入ったわけです。入った早実野球部ですが、これは大変な野球部でした。

ボクだけではなく、中学時代の野球とは、想像もつかない練習の厳しさで、朝から晩まで真ッ黒けになって、先輩から怒鳴られ、怒られ、……しながらの毎日。その当時を考えて、よく続いた。よく辞めないで済んだものと思います。

一緒に入った1年生が約百人ぐらいいましたけれど、80人くらいは直ぐ辞めましたが、今考えて見ますと、その頑張りが後年役立ったと思います。又この厳しい練習が、新入部員を〝ふるい〟にかけるんだと知りましたが……。早実の伝統というか歴史の尊さを計り知る一面を振り返って見ると、あぁそうだったんだなぁと思います〉

王の早実時代の戦いについては後述するが、早実のしごきの厳しさが窺《うかが》える一文である。のちの〝世界の王〟にしても、その先輩たちによる〝指導〟のつらさは、いつまで経っても忘れられない強烈な思い出なのだろう。やや時代は後になるが、王の七年後、昭和三八年に入部した大矢明彦の時代も、しごきは激しかった。

「ユニフォームに着替えるのが遅い、というだけで先輩に殴られるから、武蔵関グランドに向かう前、授業中にソックスを履き替えたり、アンダーシャツを着込んだりしていましたよ。練習後、ボールの数を合わせるために隠し球をあらかじめ用意しておくのも当たり前でしたね。当時の早実野球部は五月一日を〝伝統の日〟と定めていたんですが、先輩に、五月一日は何の日か知ってるか、と聞かれた新入部員が、メーデーですか、と答えてボコボコにされていました」

新入部員を恐れ慄《おのの》かせる過酷な練習と先輩の鉄拳指導——早実が東京ナンバー・ワンの地位を長く保った理由の一つに、この厳しさがあったことは疑いない。東京の野球少年たちは、誰もがWASEDAのユニフォームに憧れ、同時に、その地獄の猛練習としごきを恐れたのである。

この猛練習としごきの中で、昭和二九年、早実は好投手・河西宏和を擁して、春夏連続出場を果たしている。連続出場は、早実にとって戦後初めての快挙である。

春のセンバツの初戦で天理高校を六対〇で破って挙げた勝利は、記念すべき早実の戦後の「初勝利」だった。実に、戦前の昭和一四年夏に、青森中学を破って以来の甲子園での凱歌だった。

この時は、王と並ぶ「早実史上最高のバッター」と呼ばれる榎本喜八《えのもときはち》（プロ野球の大毎、東京で首位打者二回、生涯安打数二三一四本）をトップに据え、三番を二年の俊足巧打の和田が打つというオーダーだった。春は次の試合（準々決勝）で泉陽《せんよう》高校に三対一で惜敗、夏の大会も小倉《こくら》高校、米子《よなご》東高校という甲子園の常連校を退け、準々決勝（高知商業に五対四でサヨナラ負け）まで快進撃をつづけた。

東京ではやはり早稲田実業——というイメージが一般に定着するのは、この好投手・河西らが活躍した時代のおかげといっても過言ではない。

「カニさん」と呼ばれた功労者

早実野球部に半生を捧げた「カニさん」こと、久保田高行（前出）のことにも触れなければならない。

早稲田実業の野球といえば、「したたかでスキがない」ことに定評がある。

そうした早実野球がつくり出される過程に、この久保田が深くかかわっていたことは、野球部OBの多くが口を揃えている。また、その破天荒でユニークな人柄も、野球部に多くのエピソードを残している。

早実野球部を大正一一年に卒業した久保田は、大学を経ずに朝日新聞社に入社。運動部の専門記者として、生涯、高校野球（中学野球）から離れることはなかった。

「久保田に連絡をとりたいなら、早実のグラウンドへ行け」

そういわれるほど、久保田は母校早稲田実業野球部にのめり込んだ。その時代時代によって、教え子たちの「久保田観」は微妙に変わってくるのだが、たとえば戦後すぐの段階で、久保田に指導を受けた荒川博は、

「まあ、とにかく怖い人だったね。おまえみたいな下手くそな奴はやめちまえ！　ってよく選手を怒鳴ってましたよ」

と、こんなエピソードを語る。

「口角泡《こうかくあわ》を飛ばす、というが、久保田さんは、本当に口のまわりに泡がたまるんで、〝カニ〟と呼ばれていた。酒を飲んで、酔っぱらってベンチで寝ながらブーブー文句を言ってることもありましたよ。今じゃそんなこと父兄が許さないけどね。

でも、久保田高行がいたから、早実の野球部は、うまい野球ができたと思うよ。こすっからい野球というかね。あの野球は、久保田さんの野球なんですよ。おかげで俺なんかも、大学へ行ってもプロへ行っても、野球の知識とか野球の仕方とかは、誰にも負けなかったね。久保田さんがそういう野球の理論家であったのは、たしかだよ」

昭和三二年、春のセンバツで優勝を果たす宮井勝成監督も、久保田に可愛がられた一人だ。

「久保田さんは、当時、有楽町にあった会社には一度だけぽこっと顔を出して、あとは、すぐ早実の武蔵関グラウンドにやってくるんですよ」

宮井は、かつての久保田の姿をこう語る。

「久保田さんが来るのは、ほとんど毎日だったね。休みの日は、もちろん一日中いますよ。弁当持ってね。今で言えば、総監督です。会社でも野球以外は何もやらない人だったようですよ。記者であっても、野球のシーズンが終わると病気になって、また野球のシーズンが来ると元気になる、という感じだったそうです。

理論家でした。外野手の捕球が、片手捕りがいいか、両手捕りがいいかで、あの三原脩《みはらおさむ》さんと大論争をしたこともある人でね。バックホームする時に、どっちがいいか、ということですよ。三原さんは片手捕りで、久保田さんは、両手捕りを主張しました。とにかく野球のことを研究し尽くした人ですよ。

僕なんか久保田さんにほめられたことがなかったですよ。あのサインは何だ、と、よく怒られました。また、サインを出しても、選手が思い通り動いてくれないことがあるでしょ。久保田さんはそういう時に、おまえは自分の歳でサインを出している。サインを出す時は、選手と同じ一八ぐらいの気持ちになって出さないとダメだ、そうしないと選手のことはわからないぞ、と言われましたね」

江口はこういう。

「久保田さんの姿はおもしろかった。普段は新聞記者として会社勤めをしているんだが、途中で武蔵関のグラウンドにやってくるわけです。それで、それまでつけていたネクタイを今度はベルト代わりに腰に巻きつけて、トレパン姿でグラウンドに出てくるんです。

そして、口の横に泡を溜めながら、〝バカ！〟〝何やってんだ！〟と部員を罵倒する。選手にとってあれほど怖い存在はなかったですね」

だが、そのユニークな姿と怖さからは、想像もできないのが、久保田が編み出した奇抜な作戦である。久保田は、早実野球部を通して、自分の野球理論を試し、再考し、修正し、次々と新たな戦術を考え出していた。

たとえば、セーフティスクイズ。これは、久保田が考え出したものだった。

昭和三二年度の野球部主将、堀江康亘《やすのぶ》（六七）がいう。

「久保田さんに、〝第二スクイズ〟というものを徹底して練習させられました。これは、ピッチャーがストライクを投げてきた時に、バントし、三塁ランナーはボールが転がるのを見てから、スタートを切るものです。スクイズは、ピッチャーが投げたと同時に三塁ランナーはスタートを切りますが、どうしてもウエストされて、失敗する危険性がつきまといます。そのため、久保田さんが、外されることのない〝第二スクイズ〟を考案したわけです。

しかし、一塁の線上を狙っていいバントをすれば、決まりますが、バントがピッチャー前だとランナーはアウトになる。そのため、バントもうまくやらなければならないし、ランナーのスタートを切るタイミングも難しい。いまではセーフティスクイズとして知られていますが、当時はプロも含めて誰もやっていなかった。久保田さんは、普通のスクイズを第一スクイズとして、これを〝第二スクイズ〟と名づけましたが、最初に実践したのは、早実野球部だったと思いますよ」

また、投手の投げ方にノーワインドアップを取り入れようとしたのも久保田だった。

「コントロールの悪いピッチャーというのは、上体の揺れが大きいことが多い。大きくふりかぶって投げる本格派投手は特にその危険性が高いんです。そこで、上体の揺れをなくす方法として、ノーワインドアップ、つまり上に振りかぶらず、そのままグローブを自分のおなかの前でいったん止めて投げる方法がありました。

王が一年生に入ってきてコントロールに苦しみましたが、一年の秋から久保田さんに言われて、このノーワインドアップを取り入れ、見違えるようにコントロールがよくなりました。これも、野球博士たる久保田さんのおかげだったと思います」

今では許されていないが、昭和三〇年代の前半、早実は、ユニフォームを二種類持ち、相手によって使い分けるという方法を採用していた。そんな奇抜な方法を編み出したのも久保田だった。堀江がいう。

「早実といえば、白い帽子とエンジのストッキングです。これが早実カラーです。でも、当時の早実は、帽子も白と紺、ストッキングも白と紺の二種類持っていました。

これは、自分のチームと相手のランナーのユニフォームの色が同じ場合、間違えてランナーのほうに、あるいはコーチャーのほうに向かって牽制球《けんせいきゅう》を投げてしまう危険性がある、ということで、久保田さんが、練習中に考えたんです。

実際に同じ練習着で紅白戦などをやっている場合に牽制球を投げる相手を間違ったことがあります。相手のチームの帽子が白ならこっちは紺に、向こうが紺なら本来の白に、という具合に臨機応変にこっちのユニフォームの色を変えていったわけです。これなら間違うことがないだろう、ということでね。私が甲子園に出場した昭和三二年は、春夏ともそうやって甲子園で戦いましたよ。ユニークな考え方でした」

ピックオフプレーなど、守備面でもさまざまなフォーメーションを考え出して久保田は早実野球部に実践させている。その思考法は、「野球博士」という名にふさわしいものだった。

和田明も、『早実野球部史』の中で、久保田のことをこう記述している。

〈何んと言っても深く心に刻み込まれているのは、久保田高行大先輩だった。試合中にネット裏からメモが監督の元に届けられたりする事も度々だった。

一発勝負に素晴らしいカンを持ち、相手チームとの区分けに、帽子、ストッキングなどを2種類用意する。セーフティ・スクイズの採用など久保田先輩から教えられた数々の教訓は、現在監督の地位にある私にとって有意義な教材となっている。

私は元来小柄であり、リードオフ・マン的な存在だったが、久保田先輩の提言で、長打力のある榎本さんをトップ・バッターにして私が3番打者を仰せつかった。

先頭バッターがいきなり、得点圏に出塁して、3番の私が確実に還えす。久保田先輩ならではのアイデアと感心させられた〉

試合巧者と恐れられた早実野球の功労者の一人が、「カニさん」こと久保田高行なのである。

「お前はバカか！」

「何やってるんだ！　さっさと辞めちまえ！」

選手を怒鳴る久保田の姿は、いつしか武蔵関グラウンドの名物となっていた。

「久保田さんは武蔵関の駅からバスに乗ってグラウンドにやってくる。バスが通り過ぎると久保田さんが乗っているかどうか、気になって仕方なかった」

「バスから久保田さんが降りてセンターのほうからやってくると、いやでいやで動悸が速まったことを記憶しています」

そんな思い出を語るＯＢは少なくない。

こうした緻密で厳しい猛練習の中で、早稲田実業は、着々と、伝統と実力を蓄積していったのである。

駒大苫小牧・田中将大投手。
平成17年11月14日、
明治神宮野球大会準決勝、対早実戦。

第五章 覚醒

「鬼」と化した男

鬼と化した斎藤が、その全貌を現したのは、平成一七年一〇月二九日土曜日のことである。午後一二時四一分、神宮第二球場では、因縁の闘いがプレーボールになった。秋季東京都大会準決勝、日大三高対早稲田実業。

斎藤にとっては、三ヵ月前、西東京大会準決勝で、七回コールド負けを喫し、屈辱の五回降板を食らった怨敵《おんてき》である。

スタンドには高屋敷をはじめ、夏に引退した三年生たちが駆けつけていた。

「斎藤ならやってくれる」

「斎藤、弱気になるな。おまえならやれる」

「いいか、恐れるな。内角を突け、思いっきりいけっ」

三年生たちは、難敵に立ち向かうために孤高のマウンドに向かう後輩・斎藤の背中に、心の中でそんな声援を送っていた。

秋季東京都大会準決勝は、これに勝ちさえすれば、来春の選抜甲子園大会への道が大きく開かれることになる重大な試合である。

神宮第二球場は観客席が狭く、スタンドとマウンドとの距離が近い。そのため、声はそのまま選手たちに届く。両校とも、チアガールやブラスバンドを繰り出しての華やかさと迫力を併せもった応援を展開していた。

応援の絶叫はバックネット裏の屋根に反響して神宮外苑の秋空に轟《とどろ》き、甲子園出場へのさらなる緊張感を醸《かも》しだしていた。先発は早稲田実業が斎藤、日大三高は、村橋勇祐《むらはしゆうすけ》である。

「洋平。この試合、斎藤はおまえに（甘い）スライダーは投げてこないぞ」

試合前、日大三高の小倉全由監督は、四番・田中洋平にそう話していた。

小倉がいう。

「うちの前に早実は、準々決勝で堀越《ほりこし》高校と当たっているんですが、斎藤君の調子は決してよくなかった。終盤で、ノーアウト一、二塁から堀越はランナーを送ることができなかった。ここで堀越のミスがなく二、三塁に進塁させることができていたら、早実は負けていたかもしれない。決して斎藤君は本調子ではなかったですよ」

だが、本来のピッチングを取り戻せば、斎藤攻略は容易ではなくなる。小倉は、その日の斎藤の調子に注目していた。

その日、立ち上がりから斎藤のピッチングは冴《さ》えわたった。

ゆったりとしたフォームから、内外角にボールを散らし、初回から日大三高打線に狙い球を絞らせない。打者がのけぞるようなストレートが来るかと思えば、ハーフスピードのチェンジアップぎみのボールも多投した。そして、得意のスライダーも外角いっぱいにビシビシと決まった。

二回には三者連続三振。ランナーを許すと、球を長く持って、相手をじらしながら、自分のペースを乱さない心憎い投球術は、それまでの斎藤と別人ではないかと思わせるほどだった。

だが、この日の最大の特徴は、これまでに見られなかった打者のフトコロを突く厳しい〝内角攻め〟である。なかでも四番田中洋平への内角攻めは徹底していた。

夏に対戦した時の斎藤との違いを、田中はこう表現する。

「夏の時とはまったく違ってました。まず〝気持ち〟です。球に気持ちというか、力がこもっていました。そして、ストレートの伸びも、夏とは随分違っていたように思います」

そして、小倉が予想したとおり、田中に甘いスライダーは一球も来なかった。

「カーブもスライダーもストライクゾーンには入れてこなかったですね。勝負球は、すべてインコースの真っすぐでした」

四打数〇安打。斎藤はこの試合、田中を封じ込んだ。主砲田中を抑えること。それこそが、三高打線を沈黙させることであり、早稲田実業の勝利を意味する。

早実が二回と三回に一点ずつを挙げ、二対〇で迎えた七回裏、斎藤は一死三塁のピンチを迎えた。狭い神宮第二球場の応援席の緊張感が、クライマックスに達していた。

その時、サードベースから離れていた三塁手の小柳竜巳《たつみ》が、するするっとベースに入った。瞬間、斎藤の牽制球が小柳に向かって投ぜられた。サインプレーである。

「アウト！」

審判の右手が上がる。

「ボークだ！」

ランナーが抗議する。しかし、受けつけられない。斎藤得意のサインによるサード牽制プレーである。このプレーは、練習試合で相手チームに見せられて以来、これを取り入れようとチームで研究に研究を重ね、いざという時にのみ繰り出す早実必殺のプレーだった。

三塁手がベースを離れることによって牽制が来ないとランナーに誤解させ、リードをとらせた上で一瞬で刺すトリックプレーである。

だが、日大三高は、この斎藤の牽制球を事前に察知し、予測していた。小倉監督は、これが来たら、「ボーク」の抗議をすることもあらかじめ決めていたという。

「斎藤君のこの牽制球は、微妙ですがボークの可能性がありました。斎藤君が三塁にランナーを背負った場合、これが来ることをあらかじめ予想していましたので、足がクロスしていて、牽制するのはボークではないですか、と抗議することに決めていました」

しかし、斎藤の牽制球は、ビデオで研究していた三高の予想をも上まわるスピードだった。

「アウトになってしまったら、抗議も何もできません。誤算でした」

と、小倉は苦笑する。そして、ランナーが消えた直後にセンター前ヒットが飛び出し、日大三高の応援席からは、深い溜息が漏れることになる。常勝三高の歯車は、微妙に狂わされていた。

八回裏。塁上にランナー二人を置いて、三高の左中間深くを襲ったライナーを早実のレフト船橋が快足を飛ばしてダイビングキャッチするという超ファインプレーも飛び出した。

こうして早実は、強豪日大三高を下すのである。二対〇、斎藤の六安打完封劇だった。

夏とは違う斎藤。真夏の猛練習だけではない、「何か」を斎藤は身につけていたのだ。

内角攻めの意味

「それまでの斎藤は、厳しく内角を突く、といってもそこに投げている〝つもり〟になっていただけなんです」

と、和泉監督はいう。

「斎藤は、夏に日大三高に負けて、本当のインコースに投げる意味をわかったのだと思う。インコース中のインコースというのは、実は、打ちごろの内角球と表裏一体なんです。インコースの球でバッターの身体を起こすというのは、どういう意味なのか。それを日大三高に教えてもらった。外の球も同じです。それまでの斎藤のアウトコースの球は、踏み込んで打たれたら、絶好球になるぐらいのものでした。

外側にはずす球でさえ、力んで中に入ってくるような感じでした。それでは通用しないことを斎藤なりに自己分析したんだと思います」

「おまえは内角を突けないのか」

「思い切ってなぜ投げられないんだ」

コーチの江口も、斎藤に口を酸っぱくしていってきた。

江口は、前述のように昭和三一年に早実を卒業した和田明の幼なじみだ。社会人野球の東京ガスで中堅手として活躍し、昭和五一年から五三年には、監督として三年連続でチームを都市対抗野球に出場させた指揮官である。

平成一六年夏、すでに東京ガスを退職していた江口は、早実野球部OB会長の宮井勝成から呼び出しを受け、甲子園出場から遠ざかっている母校のために協力するよう命じられる。

江口は、以降、コーチとして和泉をサポートし、チーム強化に心血を注ぐことになる。

社会人の厳しい野球の中に長く身を置いてきた江口も、斎藤のボールが不満でならなかった。これだけの威力を持っているのに、まったく生かされていない。内角を思いっきり突くことができていない。江口も、和泉と同じ懸念《けねん》を抱いていたのだ。

「日大三高のようなきちんとバットを振ってくるチームは、向こうのバッティングポイントにいったら〝ピンポン球〟ですよ。簡単にスタンドに放り込まれてしまいます。だから、そういうスイングをさせないようにするのが重要なんです。

それが斎藤にもわかったんでしょう。夏の敗戦以来、インコースを徐々にですが、突けるようになっていった。三高の田中洋平君にしても、危険なようですが、むしろインコースの高めにウイークポイントがある。要は、そこを思いっきり突けるかどうか、なんです。キャッチャーの白川が、ベンチのほうを見てくるので、思いっきりそこを突け、という指示を出しました」

東京都予選では、コーチもベンチ入りできる。実業団野球の最前線にいた江口は、今度は早実のベンチから斎藤―白川のバッテリーを鼓舞しつづけた。そして、あの敗戦以来、斎藤もまた「変わった」のである。

斎藤自身が表現するように、それは、それ以前の斎藤とは「まったく別の人間」になったのかもしれない。

怪物の登場

「うりゃー」

神宮球場に響きわたる野太い声が、スタンドを圧していた。

観客は、この迫力満点の若者に、度肝を抜かれ、呆気《あっけ》にとられていた。

「これが、田中か……」

東京の野球ファンの前に、怪物・田中将大が姿を現したのである。

これから数々の名勝負を繰り広げることになる駒大苫小牧の田中と早稲田実業の斎藤が初めて顔を合わせたのは、平成一七年一一月一四日のことである。

第三六回明治神宮野球大会高校の部の準決勝。

ここで北海道地区代表の駒大苫小牧と東京代表の早稲田実業が激突したのだ。早実は、準決勝で宿敵・日大三高を倒したあと、決勝でも東海大菅生を八回裏の逆転劇で四対三で破り、見事二四年ぶりの東京大会優勝を果たしていた。それは翌春の選抜への切符を手にしたことも意味する。

一方、北海道代表の駒大苫小牧は、三ヵ月前、戦後二校目となる夏の甲子園「二連覇」という偉業を成し遂げたチームである。その優勝のマウンドで一五〇キロという驚異的なスピードをマークしたのが、二年生の田中将大である。

身長一八五センチ、体重八三キロ。荒削りなフォームで、その恵まれた身体から雄叫びをあげて快速球と高速スライダーを投げ込む迫力は、バッターボックスに立つ高校生たちを震え上がらせるに十分だった。

この試合、駒大の先発ピッチャーは、田中ではなかった。

明治神宮大会はスケジュールがタイトだ。北海道から九州まで、全国一〇地区の秋季大会の覇者が一堂に顔を揃えるこの大会は、翌春のセンバツを占う上でも高校野球の玄人《くろうと》ファンには、堪《こた》えられないものだ。だが、わずか四日間で全スケジュールをこなすため、一〇チームのうち一回戦から登場するチームは、そのままエースが四連投することになる。

駒大苫小牧は、その一回戦から登場するクジだったために、この早稲田実業戦が、すでに三試合目だったのである。翌日の決勝戦を見据えて、駒大苫小牧の香田誉士史《こうだよしふみ》監督（三五）は、先発ピッチャーに同じ二年の岡田雅寛《まさひろ》を指名していた。

早実は、岡田を初回から果敢に攻め、初回に二点、四回に一点を追加し、三対〇として、なお一死二塁と追加点のチャンスを掴《つか》んでいた。

「ピッチャー岡田君に代わりまして、田中将大君」

その時、神宮球場にアナウンスが響くと、観客から歓声とどよめきが湧き上がった。

ウィークデーの月曜日にもかかわらず、田中対早実打線の激突をお目当てに来ている熱心なファンは少なくなかったのである。田中が一球、二球と投球練習すると、そのボールの迫力と、キャッチャー小林秀《すぐる》のミットから出る音に場内のざわめきはさらに広がった。

間違いなく翌年の甲子園でもナンバー・ワンの実力を謳《うた》われることは確実だった。松坂《まつざか》大輔（横浜高校から西武ライオンズ）以上の怪物といわれる田中を生で見られるのだから、観客は大喜びだ。

だが、それからの田中のピッチングは、観客が予想していたものを遥かに超える凄味を見せつけるものだった。田中はこの時、

「流れをこっちに引き寄せるために、三振を狙う」

と考えていた。三点差をつけられていた場面での登場。自分が投げることで一気に流れを引き寄せ、逆転してやる——田中は、激しい闘志でマウンドに上がっていたのである。

最初に田中と対戦したのは、ラストバッターの内藤浩嵩《ひろたか》だった。

内藤のバットは田中の豪速球にかすらなかった。いきなり空振りの三振。つづくトップバッタ

ーの川西啓介《けいすけ》も空振り三振でチェンジ。

田中の〝雄叫びショー〟の始まりである。

五回表も二番小柳竜巳の空振り三振から始まって、三番檜垣皓次朗も空振り三振、四番後藤貴司も空振り三振でチェンジになった。

代わってからいきなり五者連続三振。それもすべて空振り三振なのである。

スコアボードに表示されるスピードの数字は一五〇キロ近くを示し、スライダーですら一四〇キロに近いスピードを表示していた。

監督の香田がいう。

「斎藤君のほうも真っすぐは常時一四〇キロ出ていたし、スライダーとフォークもよかった。バッターが真っすぐだと思って振りにいったら、あとからクッと曲がるボールなんですね。あれは、高校生では攻略はなかなか難しい。いいピッチャーなので、二点から上は（相手に）やったらいかんなあ、と思っていたんですが、四回にランナー一塁からカパーンと右中間に三塁打を打たれて三点目をとられてしまった。

しまった、ピッチャーの交代が一歩、遅れた、と思いながら将大を出したんです。でも、いきなり五連続三振をとってくれたので、ベンチも〝いける〟という雰囲気になった。将大が投げるとうちはリズムに乗りますから、勝てるかもしれないという感じに、段々なっていきましたね」

一方、早稲田実業の各打者は、「ボールに当たらない……」という驚きに包まれていた。観客も度肝を抜かれたが、当の早実ナインの衝撃はもっと大きかったのである。

今まで見たこともないこんなピッチャーが目の前に現れたのだから無理もない。バットにあてることも叶《かな》わないボール。田中はまさに怪物だった。

和泉もその威力に目を見張った。

「高校生でこんなボールを投げるピッチャーを初めて見ました。あれはバットにあたりません。ムリです。おそらく田中君のスライダーは打者から見れば、〝視界から消える〟のだと思います。でも選手たちは、それを怖がるより、むしろ面白がっていた。そう感じながら、試合をしていたんです。私はみんなに、よーし、こうなったら三振記録を作られちゃえよ、と言ったんです」

三振記録を作られてしまえ――それは、開き直りを超えたともいえる表現である。

当然、ベンチのムードは盛り上がった。ボールに味方の打者のバットがあたっただけで、「オーッ」という声が上がったのだ。

田中のスライダーには特徴がある。

通常、スライダーはボールの右端に縫い目を置き、それに沿って中指を掛け、ボールを〝切る〟のである。手の振り自体は、ストレートを投げる時とほとんど変わらない。

しかし、田中のスライダーは、縫い目に中指ではなく、人指し指を掛けるものだった。つまり、縫い目の内側に人指し指を置き、中指は外側に置くのだ。

太く長い田中の人指し指だから、可能なのだろう。

田中のスライダーの独特の曲がり方は、この特徴的な握り方にある。

「投げ始めた中学の頃からこの握り方をしていました」

と、田中はこともなげにいう。その握り方が、魔球ともいえる大きな曲がりのスライダーを生んだのである。

斎藤のひとり言

「すげえ。野球ってこんなにおもしろいんだ。楽しい……」

和泉がベンチの中で、そんなひとり言を耳にしたのは、いったい何イニング目のことだっただろうか。

マウンドでは、田中の三振ショーがつづいていた。

声がした斜め後ろを振り返ると、そこには斎藤が座っていた。ひとり言の主は、斎藤だったのだ。わくわくして、楽しくって仕方ない、という野球少年に戻った表情の斎藤がそこにいた。

「野球に対して、こういう捉《とら》え方ができる子がいるんだ……」

和泉は、その言葉を聞いて、そう思った。普段、口数の少ない斎藤が、田中の三振ショーを眼前にして、そんな呟《つぶや》きを発しているのが妙に新鮮だった。

「今まで見たこともないほど実力のある人間に出会って、斎藤は野球が、〝楽しい〟と思ったんでしょう。武者震いというか、ワクワクしたような表情でした。斎藤は、(野球の)新たなおもしろさがわかったんだと思います」

自分よりも力の上の人間を見て、それを「おもしろい」と感じることのできる選手。和泉は、斎藤の意識とレベルの高さに驚いたのである。

斎藤はこの時のことをこう記憶している。

「田中を見て、〝怪物だ〟と思いました。真っすぐが一四〇キロ以上で、スライダーはキレがある上に一三〇キロ台の後半は出ていました。何をどう打ったらいいんだろう、と思いました。変化球というか、スライダーなんかも〝豪球〟なんですよね。その変化も真下に落ちるフォークボールみたいに感じました。

僕は二打席立ったんですが、一打席目はショートの内野安打を打ったんですよ。どうやって打っていいかわからないんで、とにかくスライダーにヤマを張って、それにタイミングを合わせて振りました。それでも（体勢を）崩されて、やっとバットに当てました。そうしたらボテボテのショートゴロで内野安打になったんです。二打席目は見逃しの三振でした。外の真っすぐを見逃したんですが、その前にすごいスライダーが来て、次に外角いっぱいにあのストレートが来たんですから、とても手が出ませんでした……」

こいつは怪物だ。そう思いながら、斎藤は田中と戦ったのである。ベンチで思わず、ひとり言を漏らした理由を斎藤はこう説明する。

「凄いピッチャーと投げ合えることが、嬉しくて仕方なかったんです。田中は、僕が見たこともないピッチャーでした。だから野球というものが、楽しいし、凄い、と思えたんです。駒大は全国の優勝チームだし、そういうピッチャーや打者と対戦できるなんて、凄いことじゃないですか。僕がたまたまそういうことを口にしたところを（監督に）聞かれたんだと思います」

斎藤にとって田中将大とは、目の前に聳然《しょうぜん》とそびえ立つ難攻不落の高峰に見えたに違いない。

斎藤は、全国ナンバー・ワンの打線の威力もこの時、目のあたりにしている。田中の三振ショーが続く中、駒大打線は、勢いを取り戻し、次第に斎藤に重圧をかけていった。

特に四番の本間篤史の迫力は、斎藤に強い印象を与えている。

二連覇した夏の甲子園でも、三年生を押し退けて猛打の駒大打線の四番に座った本間は、そのスイングスピードの速さやミート力という点で、ほかの打者より一歩も二歩も抜きん出ていた。当然、斎藤は本間を最も警戒していた。

第一打席と第二打席は、斎藤に軍配が上がっている。

「一打席目は全部真っすぐでした。二つストレートでストライクをとられて、一球遊ぶかな、と思ったんですが、そのままストレートを外角にビシッと決められました。三球三振です。えっ、来たかよーって感じでした」

と、本間が振り返る。眼鏡の奥の愛嬌のある目が本間の特徴だ。

「二打席目は、カーブかスライダーでしたね。変化球中心で来たんですが、この時は、エンドランがかかっていたんで、ボールを振って三振になりました」

問題は、六回の三打席目である。四回途中から田中が登板して三振の山を築き、ベンチのムードも次第に高まっていた。駒大もそろそろ点をとらなければならなかった。

「一、二打席は、初球の入りが、全部真っすぐでした。だから、よし、ここはストレート待ちでいこう、とヤマを張りました。コースは内角やや高め。思い切って振りました」

強打・本間のバットが快音を発した。本人は「詰まっていた」と謙遜するが、そんなことはない。打球は一直線にレフトに飛んだ。

ホームランだった。斎藤に衝撃が走った。

「インコースの真っすぐを持っていかれたんです。自信のあるストレートでした。一四〇キロは出ていたと思います。ライナーでスタンドに飛び込んだので、全国優勝の四番はやっぱり違う、と思いました。あれは、ストレートにヤマを張っていたんでしょうか?」

斎藤はその時の衝撃をそう語るのである。

そして、極めつけの場面が七回裏に訪れる。三対二の一点差に迫られていた斎藤は、二死二塁からまたしても四番・本間を迎えるのだ。

最初の二打席は三振を取り、三打席目は、痛烈なレフトスタンドへのホームラン。真の勝負は、四打席目にやってきた。一打出れば同点。ピッチャー田中将大の調子を見ても、ここで追いつかれたら勝ち目は薄くなる。斎藤にとっては正念場だった。

だが、ここで斎藤は、本間にまたしても強烈な当たりを打たれるのである。

「前の打席で、自信のあるストレートをレフトに運ばれていたんで、僕の頭のなかには、本間にはまともなストレートは通用しない、という考えがありました。

それで追い込んでから、インコースにフォークボールを投げようと思いました。ストレートと思わせてボールを落とし、三振をとろうというイメージで投げたんです」

しかし、そのフォークは、落ちなかった。

「落ち切らずに真っすぐになってしまった。やられた、と思いました。悔いが残りました」

一方、本間は、当然だが、これをフォークとは思っていない。

「ストレートだと思いました」

本間が放った打球は、あっという間にレフト線を襲った。文句なしのタイムリー二塁打である。勝負を決めた一球だった。斎藤対本間の対決は、翌年夏の甲子園決勝での勝負に引き継がれていく。そして、この「一球」が、実は、のちの二人の対戦で大きな意味を持つのだが、それは後述する。本間の一打で同点に追いついた駒大は圧倒的有利に立った。流れがどちらかに傾けば、野球は一気呵成《いっきかせい》となる。

つづく五番の奥山雄太も六番の鷲谷《わしや》修也《なおや》も斎藤に痛打を浴びせ、たちまち逆転、試合を五対三とひっくり返すのである。結局、試合は五対三のまま駒大苫小牧の勝利となる。

田中将大は、四回一死から登場して以降、一三個の三振を奪っている。アウトの数は、一七。その中の一三個が三振だったというのだから、その三振ショーの凄まじさがわかる。

駒大苫小牧は、翌日の中国地区代表の関西《かんぜい》高校との決勝戦でも、これを五対〇と一蹴。見事、優勝を飾っている。

しかし、この敗戦は早実にとって、そして斎藤にとって、目を覚ます大きなキッカケとなった。全国優勝のレベルの高さを思い知った早実ナインは、生半可なことでは彼らに追いすがることができないことを肌で悟ったのである。

ＯＢの大矢明彦がいう。

「斎藤君の凄いところは、〝謙虚になった〟ことだね。自分の今の野球では通用しない、進化しないと勝てない野球というものがあることを知り、自分をどう変え、どう努力しないといけないのか、もう一度やってみたところが凄い。彼にはその謙虚さがあった。普通の選手は、悔しいと思ってもそれだけで終わる。彼がほかの選手と違うところはそこです。その意味で、日大三高と駒大苫小牧に負けた意味は大きかったね」

斎藤の野球人生にとって、この二試合は、はかり知れないほど大きな意味を持つものだった。

高校3年の夏、王貞治の甲子園出場が夢と消えた瞬間。
昭和33年8月3日、東京都大会決勝、対明治高校戦。

第六章　王貞治の悔恨

怪物バッターの登場

「こいつは何だ?」

昭和三一年春、早実の武蔵関グラウンドに度肝を抜く新入部員が現れた。

一年生にしてすでに身長一七六センチ、体重も七〇キロをゆうに超える大型選手である。その新人は、百数十人の新入部員の中で、一人だけバッティングケージの中で、打撃練習をさせてもらっていた。

「すごい奴が入ってきた」

左打席から、おもしろいように遥か彼方にボールを飛ばす姿を見て、前年の夏に監督に就任したばかりの宮井勝成も、そして〝総監督〟の久保田高行も、相好《そうごう》が崩れるのを隠しようがなかった。

「すごい。こいつは、どえらいことをしてのけるかもしれない」

そのパワーとバッティングセンスを前に、二人は同じことを考えていた。

特に宮井は、夏に名門早実の監督に弱冠二九歳の若さで就任し、直後の秋季大会の一回戦で、日大三高に六対〇で惨敗を喫するという屈辱のスタートを切っていた。

「あの時は、うちには徳武《とくたけ》、醍醐《だいご》という強打者がいたのに、阪神に入団する日大三高のエース、並木《なみき》輝男《てるお》にまるで歯が立たなかった。王が入ってきたのは、その次の年でした」

と、宮井はいう。

なんとかして戦力強化をはかろうとしていた宮井にとって、その左の強打者は、喉《のど》から手が出るほど欲しい逸材だったのだ。

ライトのフェンスを軽々と越える当たりを放つ新人は、のちの世界のホームラン王となる王貞治（六六）である。

後年、毎日オリオンズの強打のキャッチャーとして活躍する醍醐猛夫《たけお》（六八）は、早実野球部に王貞治が現れた時のことを今も鮮明に覚えている。

「私が三年の時に王は一年生で入ってきました。すごいのが入ってくる、とは聞いていましたが、想像以上でした。私も長打力には自信がありましたが、王はその比ではなかった。

武蔵関のグラウンドは、ライト側はフェンスまでの距離が九〇メートル以上ありました。そこから一五、六メートルほど間があって、その先にバスも通る道が走ってました。王の当たりは、平気でそこまでポンポンと飛んでましたね。一二〇から一三〇メートルは飛ばしていたんじゃないでしょうか。

グラウンドは、レフトの後方は土手があって、その先は畑になっていた。さあ、土手まで九五、六メートルでしょうか。私は右打者で、土手越えの当たりをたまに飛ばしていましたが、この一年生には、とてもかないませんでした」

のちに王とバッテリーを組み、春のセンバツで全国優勝を成し遂げる同級生の田村利宏《としひろ》（六六・元河合楽器野球部監督）は、王の驚異的なパワーと肉体について、こう語る。

「僕らの頃は、野球部に新人が一〇〇人ぐらい入りましたね。王は、そのなかで最初から別格でした。入学前から、すごい奴がいるらしい、という噂は聞いていましたが、とにかくずば抜けていました。なにが違うといっても、まず身体が違う。王ってのは不思議な奴で、遠くにいる時は感じないんだけど、近づくとぐっと大きく感じる男なんです。

それで服を脱ぐと筋骨隆々の身体《からだ》。特に下半身がすごかった。ふくらはぎや太ももといったら、とても表現できるようなものじゃない。びっくりしました。僕ら新入部員はグラウンドの外で球拾いでしたが、王だけは、最初からグラウンドの中で打撃練習をさせてもらっていました」

この怪物は、その打棒をひっさげて、たちまち名門早稲田実業の中軸に座るのである。

三番醍醐、四番徳武、五番王。

三、四番に座る三年生のスラッガーのあとで、一年生の王が登場してくるのである。

プロ野球のオールスター戦のオーダーかと見紛《みまが》うこの打線で、早実は、その夏、甲子園出場を果たすのである。

宿敵の並木を擁する日大三高が、準決勝で伏兵の成蹊《せいけい》高校に三対二で敗れ、早実は、その成蹊を一三対一という大差で破って、堂々の優勝を遂げるのだ。

一年生の王にとってはもちろん、監督の宮井にとっても、初の甲子園出場だった。

王はこの時、将来性を買われて、制球力のいい右腕、エースの大井孝夫（三年）に次ぐ投手陣にも名を連ねていた。

だが、無論、このチームは、投手力より強力打線を他校から恐れられた。

キャプテンの醍醐がいう。

「三番の私と、四番の徳武、そして五番の王。この時のチームは、長打力には自信がありました。甲子園に出場して、神戸銀行かどこかのグラウンドで私たちが練習をしたことがありました。そこへ、次に練習するために平安高校がやってきましてね。

平安高校は結果的に、この大会で優勝するんですが、彼らが私たちの練習を見て、呆気《あっけ》にとられていたことを思い出します。三人とも調子がよくて、打球がポンポンとオーバーフェンスしたんです。打力ではどこにも負けない自信がありました」

だが、好投手にかかったり、あるいは軟投のピッチャーに目先を変えられたら、いくら強力打線でも苦もなく封じ込められるところが野球のおもしろいところである。

この時も、大会初日の開幕戦に登場した早実ナインは、和歌山の新宮《しんぐう》高校と対戦し、新宮の好投手・桧作武に、完全に抑え込まれた。ゼロ行進がつづく中、早実が〇対一の劣勢から新宮を逆転したのは、最終回のことだった。

九回表の先頭打者として登場した三番キャプテンの醍醐がしぶとくフォアボールを選び、四番徳武は、送りバントを警戒する新宮内野陣の逆を突く三遊間ヒット。五番王の送りバントが内野安打になってノーアウト満塁。

六番の中島光明が浅いセンターフライに倒れると、七番セカンドの菊地康男がピッチャー前にスクイズ。新宮のピッチャー桧作が本塁封殺を狙ってキャッチャーにトスするが、三塁走者の醍醐がヘッドスライディングを敢行し、「セーフ！」のコール。

次いで途中からセンター八番に入っていた手塚弘樹が、連続のスクイズを決めて、やっと二対一と勝ち越すのである。

強打のチームどころか、エース大井の力投と土壇場の粘りで辛勝したわけである。

そして早実は、次に優勝候補の一角、本格左腕・清沢《きよさわ》忠彦（二年・のちに慶応から住友金属）を擁する岐阜商業（現在の県立岐阜商業）と激突する。

「王先発」の奇策

「明日、先発は王でいくからな」

優勝候補との激突を翌日に控え、宿泊先の藤田旅館で、宮井監督から呼び出されたキャプテンの醍醐は、そう告げられた。

「えっ」

思わず醍醐は絶句する。

王が先発――？

将来性抜群のピッチャーとはいえ、王はまだ一年生である。バッティングならともかく一年生にマウンドを任せるとはどういうことなのか。

東京都予選でも王は好投を見せていた。しかし、コントロールに難があり、いつ乱れるかわからない。甲子園の檜舞台で、しかも大会屈指の左腕・清沢を擁する優勝候補の岐阜商業を相手に王が先発というのは無謀すぎる。

醍醐は、思わず、

「そりゃダメですよ」

といってしまった。その場には、〝総監督〟の久保田もいた。鬼より怖い久保田大先輩である。

「まあ、そう言うな」

と、宮井。醍醐はそれでも、

「納得できません」

と食い下がった。だが、久保田の権限は絶対だ。宮井から引き取った久保田が、

「醍醐、そう言うな」

と、ひと言。醍醐はそれ以上は何も言えなかった。

こうして、王の先発が決まる。

宮井は、この時のことをこう記憶している。

「岐阜商業の清沢は、とても打てるピッチャーじゃありませんでした。無策で戦っても負ける。ならば、王で行こう、と久保田さんと話し合って決めたんです。東京の予選でも大事な試合は、王が投げている。一回戦の新宮なら大井で抑えられると思いましたが、岐阜商業の打線は無理だと思ったんですよ。どうせ清沢なら打てないし、イチかバチか、という思いでした」

岐阜商業対早稲田実業。二回戦屈指の好カードになったこの対戦で、岐阜商業の二年生左腕・清沢と、早実の一年生左腕・王の対決が実現するのである。

「成算《せいさん》は決してない。しかし、王は球は重いし、第一どこに来るかわからないから……」

王の先発を記者から質問された宮井は、そういって報道陣を煙《けむ》に巻いた。

だが、醍醐の懸念通り、王の制球は最初から定まらなかった。

一回トップから三者続けてフォアボール。盗塁死でワンアウトを取るが、早くも一、三塁のピンチを迎えるのだ。制球力が身上のエース大井とは、まるで異なるピッチングに、早実ファンは思わず目をつむったに違いない。しかし、ここからが王の真骨頂だった。

四番バッターの田中和男の詰まったサードゴロの間に一点こそ許すものの、あとは得点を与え

ない。

三回二死までに王が投じた球は、都合四七球。そのうち、ストライクは一八球しかなかった。だが、六つもフォアボールを出して、エース大井にマウンドを譲ったのに、王は初回の一点だけに岐阜商業を抑えたのだ。

キャッチャーの醍醐は、こんなエピソードを披露する。

「この試合の主審を務められたのが山本英一郎《えいいちろう》（アマチュア野球界の重鎮。日本野球連盟会長を務め、平成一八年死去）さんなんです。山本さんが、王のあまりのノーコンぶりに、〝なんだこのピッチャーは？〟とか、〝このピッチャーはコントロールがねえなあ〟とか、私の肩ごしにブツブツ言ってくるんです。

審判が試合中に選手に話しかけてくるなんて、私には経験がありませんでしたから、ビックリしました。甲子園って、おもしろい審判がいるもんだ、と思ったものです。一〇年ほど前に山本さんとお会いした時に、何十年も前のこの話をして、覚えていますか？　と聞いたら、山本さんは、そうだったかなあと、惚《とぼ》けてましたがね」

審判も呆れるほどのノーコンを見せながら、得点は許さない。王は不思議なピッチャーだったのである。

この時、「報知新聞」は、「スカウトのメモ」というタイトルで王のことをこう報じている（昭和三一年八月一七日付）。

〈早実の三羽ガラス醍醐、徳武、王は大活躍。とくにスカウト待望の王が大器にふさわしい？ピッチングを見せてくれたとあってネット裏の記者席ではボール、ボールの連続にすっかり

〝ネ〟をあげてしまったが「あれはしこめば大物になる」（大洋平山スカウト）「バッティングがいい。すばらしいグリップをしている」（国鉄楠見コーチ）スカウトたちはちょうどよい品定めのチャンスとばかり王から目を離さない……〉

結局、この試合は、リリーフしたエースの大井が打たれて、一対八の大敗。大いなる将来性を示しながら、一年生の王は甲子園を去っていったのである。

墨田公園での運命の出会い

その王を早実に連れてきたのは、戦後焼け跡から早実野球部を復活させた立役者の一人、荒川博である。

昭和二九年一一月二三日。

この日は、早稲田実業野球部にとっても、日本の野球界にとっても、運命的な日となった。

「自分の野球の原点ですね。早実がなければジャイアンツの王貞治も、ホームランキングの王貞治もなかったと思います。それだけに荒川さんには感謝の気持ちでいっぱいです」

そう語るのは、病気療養中の福岡ソフトバンクホークス監督、王貞治である。

この日がなければ、日本のプロ野球、いや世界の野球界に燦然《さんぜん》と輝くホームランキング・王貞治は生まれなかったのだから、当然かもしれない。

王は不思議な縁で早実の門を叩くことになる。この日、浅草の実家に帰っていた荒川は、実兄に、「墨田公園に行けば、野球でもやってるよ」といわれ、犬を連れて散歩に出た。まだ二四歳の、毎日オリオンズのバリバリのプロ野球選手である。

墨田公園にやってくるのは、荒川にとって、四、五年ぶりのことだった。この時、荒川の目に飛び込んできたのが、一人のピッチャーである。

「背の大きな投手でした。左ピッチャーで迫力のある球を投げていました。目についたのでそのまま見ていると、彼が打席に入った。しかし、なぜか彼は右打席に立ったんですね。

それで、初めはサードゴロ、次はショートゴロなんだ。僕はとうとう我慢できなくなってね。(グラウンドの)中へ入っていって、〝ちょっと坊や、君、左で投げてるよね。次は左で打ってごらん〟と、言ったのよ。

すると、その子は〝ハイッ〟って言った。これが王です。当時はプロ野球選手といえば、そのあたりでは俺だけだったから、みんな俺の顔は知ってるわけよ。それで荒川がいうなら仕方ない、ってことになったんじゃないかな。あとで王が言ってたけど、王もあの時、俺の名前は知ってたらしいや」

荒川はこの時、王が素直にいうことを聞かなかったら、そのままになっていただろう、という。つまり、「世界の王」は誕生しなかったというわけだ。

荒川のアドバイスによって次の打席で左バッターボックスに入った王少年は、セカンドの頭上を越える火の出るようなライナーの右中間長打を放つのである。

「これはすごい」

のちに多くの名選手を育てる天才打撃コーチ・荒川の目は釘付けになった。

「坊や、何年生だ?」

試合後、荒川は王少年に尋ねている。

「二年生です」

荒川はてっきり高校二年と思った。念のために、

「年はいくつ？」

と聞いたら、

「一四歳です」

と、王少年は答えた。すでにその時点で、王は身長一七五センチ、体重も七〇キロ以上あったというから、荒川が仰天したのも無理はない。

「そうか、坊やなあ。俺の母校は早稲田実業なんだ。ここで野球をやる気ないか？」

荒川がすかさず聞くと、王少年は大きな目をくりくりさせながら、

「やりたいです」

と、答えたという。

「しめた、と思いましたよ。すぐ学校にお前のことを伝えて、一週間以内に自宅へ行くからな、と私は約束して、王と別れたんです」

それからの荒川の行動は素早かった。

「坂本先生、すごいのを見つけました。こいつを入れたら、うちは全国制覇できるよ」

早稲田実業の職員室に駆けつけ、英語教師の坂本義男の顔を見るなり、荒川はそう持ちかけた。坂本は、荒川をけしかけて焼け野原の中で早実野球部を復活させた、あの恩人である。

だが、この時、坂本から返ってきたのは、意外なひと言だった。

「荒川、そいつの頭はどうなんだ？」

というのである。そして、

「今の早実は昔とは違うんだぞ。お前の時より難しくなっているんだ」

とつけ加えた。その子の学業の成績はどうか、というのである。

「大丈夫だと思います」

荒川は、今度は、王の自宅に向かう。東京都墨田区の業平橋《なりひらばし》駅前にあった「五十番」という中華食堂が王の実家だ。

ここで荒川は、王の父親に直談判《じかだんぱん》している。

だが、父親の王仕福《しふく》は、荒川の勧めに首をタテに振らなかった。

「中国・福建省の出身だった父親は、息子を医者とエンジニアにする、といいました。福建の田舎では、医者と電気技師がいちばん偉かったらしく、息子をどうしてもそれにしたかったのよ。でも、あの当時、〝エンジニア〟という言葉が出たのには驚いたね。こっちは意味がわからないので、聞き直すと電気技師だと言いましたがね」

父・仕福にとっては、実際に、王の兄・鐵城《てつじょう》を慶応の医者にしたほどで、王を電気技師にするのは念願だったのである。しかし、両国《りょうごく》高校から東大に行かせて電気技師にするという仕福の思いは、王が高校受験に、「一点差で落ちた」（荒川）ことから、御破算になり、王本人と荒川の希望通り、野球の名門・早稲田実業進学への道が開かれたのである。

人生を変えるほどの出会いというのは、一生の中でそうあるものではない。

荒川との運命的な邂逅によって、早実への道、そして世界のホームラン王への道はスタートした。

王は今、この五〇年前を振り返って、こう語る。

「一人では野球は上手くなれないという証《あかし》のようなものですね。荒川さんの指導力と情熱、私の体力と素質等が一つになって、私の野球人生が大きく花開きました。荒川さんと出会えたことが私の人生にとって最大の出来事であり、振り返っても早実入りしてよかったと思います」

センバツ優勝

岐阜商に敗れた翌昭和三二年の春、二年生の王投手を擁した早稲田実業は、一回戦不戦勝の後、二回戦の寝屋川《ねやがわ》高校戦を一対〇、準々決勝の柳井《やない》高校戦を四対〇、準決勝の久留米《くるめ》商業戦を六対〇という三試合連続完封で決勝まで勝ち上がる。

決勝の相手は、優勝候補の一角・強豪高知商業だった。

この時、王は左手中指の豆をつぶして、血染めのボールを投げながら奮闘した。

キャッチャーの田村がいう。

「久留米商業戦だったか、王が途中で豆をつぶしましてね。血がボールにつくようになりました。王のお父さんが、夜やって来て、朝鮮人参を擂《す》ったものを傷口につけていました。

豆をつぶした時というのは、最初は痛いけど、だんだん痛さに慣れてくるものなんです。王も我慢して投げました。

王は気が強いからね。マウンドに行って、大丈夫か？　って聞いても、弱音は絶対吐きませんでした。痛いとも言いませんでしたね」

王―田村の二年生バッテリーを軸にまとまった早実は、こうして高知商業を五対三で下し、見事、センバツ優勝に輝くのである。

王がいう。

「あの選抜大会は、自分がエースとして臨んだ初めての大会でした。あれよあれよと言う間に四連投になりました。勝負は勢いがついたほうが勝つという典型だったと思います」

監督として栄冠に輝いた宮井はこんな秘話を明かす。

「前の夏、岐阜商業に敗れた時に主審をやってくれていた山本英一郎さんが、ふたたび決勝戦の主審もやってくれたんです。そうすると、王の豆が割れてボールに血がついていることに山本さんが気づいたんだね。ボールを手にして、〝おい、大丈夫かよ。こんなに血がついてるぞ〟と、キャッチャーの田村に盛んに聞いてくるわけですよ。

前年には、キャッチャーの醍醐に、このピッチャーはストライクが入らないじゃねえか、と怒っていた人が、今度は逆に心配してくれたわけです。後年、山本さんと親しくなって、この話をしました。あんたら（審判）もいい加減だなあ、と笑ったものです」

春夏を通じて、一度も優勝経験のなかった早実にとって、それは、初めての栄冠だった。

だが、無論、早実の悲願は、夏の選手権制覇である。

優勝直後のインタビューでも、宮井は記者団の質問に、

「（甲子園の）決勝へ出ること三度目で優勝を摑《つか》めたのだから嬉しいよ。明日から今度こそ夏の大会の大優勝旗を目指して一層の練習を積みます」

と、答えている。

それだけ夏の制覇は、早実にとって夢だった。のちに監督になる和田明は、

「春は〝お祭り〟だ。夏の選手権は心・技・体が揃ってないと勝てない」

と、部員に何度も語っている。それほど、予選を通じて一度も負けることが許されない過酷な夏の戦いを勝ち抜くことは、価値がある。

大正四年の第一回大会から出場しながら、夏の選手権制覇が一度もない早稲田実業。それは、野球部にとって、トラウマともいえる課題だった。

第二回大会に出場したライバルの慶応普通部（当時）は、いきなりその大会で全国制覇を成し遂げている。これが余計、その思いを強烈にさせた要因の一つだっただろう。

だが、王の実力から見ても、実際に、早実にとって春夏連覇は夢ではない、と思われた。

「王の球はどんどん速くなってきてましたからね。コントロールも荒れなくなってきていた。なんというか、ホップするというより、ドーンッと来る感じですね。王は、ストレートとカーブしかありませんが、それだけで十分でした。負ける気がしなかったですね」

と、田村はいう。

春夏連覇を目指す早実は、東京都予選を勝ち抜き、夏の選手権大会に「優勝候補」の筆頭として乗り込んでいく。

一回戦不戦勝の早実は、二回戦で、春のセンバツでも対戦した大阪の寝屋川高校と対戦する。

試合は〇対〇のまま、延長へ。一一回表、一死後登場した一番キャプテン、セカンドの堀江康亘が好投を続ける寝屋川のエース島崎武久から右中間へ二塁打。セカンド強襲ヒットと敬遠で一

死満塁となり、四番ショートストップの相沢邦昭の犠牲フライで決勝の一点を挙げるのである。守っては、王が寝屋川打線につけ入るスキを与えず、ノーヒットノーランを達成する。一一イニングにわたって三塁すら踏ませないという完璧なピッチングだった。

早実野球部OBは、春夏連覇を信じて疑わなかった。

「今年こそ悲願の選手権制覇が実現する」

誰もがそれを信じ、願った。それほどの強さを早実は実際に持っていたのである。だが、準々決勝で、その夢はあえなく潰《つい》えてしまう。伏兵に足元をさらわれてしまうのだ。

準々決勝の相手は、神奈川代表の法政二高《ほうせいにこう》。本来の調子ならば、負ける相手ではなかった。キャプテンの堀江がいう。

「実は、法政二高とは夏の予選前にも武蔵関のグラウンドで練習試合をして、八対〇ぐらいで大勝していました。法政には勝てる、という気持ちが自分たちにもありました。早実なら春夏連覇が可能だと、マスコミも書いていたし、実際に自分たちも自信を持っていた。下馬評が低かった法政二高を、どこかで甘くみていたのかもしれません」

しかし、試合はやってみなければわからない。早実は初回に王のセンター前ヒットで先制点を挙げた後、なかなか好機をモノにできなかった。

一方の法政二高は、三回に唯一ともいえるチャンスにタイムリーヒットが出て、早実の外野からの中継ミスもあって二点を挙げ、逆転。そのままこの一点差を守り通すのである。

「法政二高には（練習試合で）勝っていたし、勢いもあったので、負けるなんてことは微塵《みじん》も考えてもいませんでした。悔しいというより、攻守にわたってミスが出れば負ける。野球の怖さを思い知らされた試合でした」

と、王自身も痛恨の試合を振り返る。堀江によれば、

「法政二高は、青木（武文）という軟投の左ピッチャーでした。スピードはあまりなかったですが、緩急をつけて、しかも内外角に球を散らしてきましたね。三振はほとんどしていないんですが、いい当たりが正面を突いたり、打たされた感じでした。向こうは練習試合で負けていたので、こちらを徹底的に研究していたんだと思います。

近めの甘い球は、ほとんど来なかったと思いますよ。この年の優勝は広島商業。実力では、負けていなかったので、今でもあの敗戦が悔やまれます」

この時の法政二高の監督は田丸仁《たまるひとし》（平成五年没）である。この後、昭和三五年夏、三六年春の甲子園で、柴田勲《いさお》投手（のちに巨人）を擁して優勝する名監督だ。昭和四一年には、プロ野球の東京オリオンズ（現在の千葉ロッテマリーンズ）の監督も務め、プロ選手の経験がないままプロ野球の一軍で監督を務めた最後の人物でもある。

田丸は早実打線を研究し尽くしていたのだろう。勝った法政二高は、そのまま決勝にまで進み、広島商業に一対三で敗れるものの、準優勝に輝いた。

「スポーツニッポン」は、大会後、優勝候補の早稲田実業や岐阜商業が敗れていった大会を「大荒れの大会」と名づけて、以下のような総評を掲載している（昭和三二年八月二一日付）。

〈話題の最たるものは清沢、王のノーヒット・ノーラン樹立、そうして準々決勝でこの快腕投手を擁する岐阜、早実が伏兵に足もとをすくわれたことだ。戦前の予想では順当にいけばこの岐阜、早実で優勝旗が争われるものと思われていた、またそれほど戦力はすぐれていた。

ところが実際はこれに反した。ことに春夏連続優勝の快挙を期待された早実は決勝戦を待たずして姿を消してしまった。トーナメントに勝ちぬくむずかしさが痛感させられた。（略）

法政が早実を、大宮が岐阜を破った白熱の試合は高校野球の弱きものに味方する心理もあって、七万の観衆に深い感銘を与えた。強者必ずしも勝者ならず、いつの時代でもこうであるが、今大会の大きな収穫であった。無欲の闘志これが勝因であった〉

キャッチャーの田村がいう。

「どこかに自分たちは優勝できる、という意識があったのかもしれません。春は優勝を意識せずに楽な気持ちで戦えたのに、夏は、優勝できる、優勝するんだ、という意識になっていました。

こんなに多くのお客さんの前で野球ができるなんて、なんて幸せなんだと思っていた春の時に比べて、夏は、これだけのお客さんの前ではミスできない、という思いになっていたんだね。知らず知らずのうちに心理的に守りに入っていたんです。負けた瞬間は、負けるはずのない相手に負けてしまった、そういう思いでした……」

実力からすれば、限りなく「夏の制覇」に近かった早稲田実業の夢は、こうして絶たれたのである。

明治高校との語り継がれる死闘

王が早稲田実業在学時代、最も力を持っていたのは、この二年生の時だったに違いない。三年最後の夏、王が選手権制覇の夢を絶たれるのは、東京都予選決勝のことだった。

昭和三三年八月三日。

全国の予選の最後の最後におこなわれた早稲田実業対明治高校の戦いは球史に残る熱闘として今も語り草になっている。それは、王自身が、センバツで優勝したことよりも、この試合のことが最も強く記憶に残っているというほどの壮烈な試合だった。

二年の春にセンバツで優勝を果たしていた王。最高学年では、主将も務める王にとっては、早実悲願の選手権制覇を成し遂げる最後のチャンスだった。

その東京大会決勝は、炎天下の神宮球場でおこなわれた。

早稲田実業と明治高校は、この年のセンバツにともに出場し、早実は優勝した熊本の済済黌《せいせいこう》に準々決勝で敗れ、明治も準優勝した中京商業に準決勝でサヨナラ負けしたものの、両チームの実力は、すでに折り紙つきで、どちらが甲子園に出場しても優勝候補に数えられることは間違いなかった。

高校球界のスター王貞治を擁して最後の夏に挑む早実と、〝明治の御大《おんたい》〟島岡吉郎の直弟子で部員に日本一の猛練習を課した松田龍太郎監督率いる明治高校。

両者の激突は、九回を終わっても一対一で決着がつかず、延長一二回にもつれ込んだ。

両チームは、選抜の出場権を賭《か》けた前年秋の東京大会でも決勝で激突。三対一で早実が明治を破り、優勝していた。

選抜大会が第三〇回の記念大会だったために、東京大会優勝の早実と準優勝の明治がアベック出場し、ともに勝ち進んで、ベスト八とベスト四という好成績を東京にもたらしたのである。

「当時から王選手は別格でした。ボールがひしゃげるほどのパワー、といったらいいんでしょうか。高校生離れしていて、打ち損じでしかアウトがとれないほどのケタ外れの実力でしたね。
内野フライで打ち取っても、ボールが驚くほど高く舞い上がって、なかなか落ちてこなかった記憶があります。とても勝てるとは思えませんでしたが、自分たちにも日本一の猛練習をやってきた、という自負がありました。負けるわけにはいかない、と立ち向かっていきました」

四八年前のこの激闘を当時の明治高校キャプテンの宮澤政信（六六）は、そう振り返る。

試合は、延長一二回表、早実が怒濤《どとう》の攻撃を見せた。

一アウトランナーなしから登場した早実のトップバッター砂田紀夫がショートのイレギュラーヒットで執念の出塁。つづく飯田輝年がフォアボールを選ぶと、明治バッテリーは三番王に強気の勝負を挑んだ。

が、王は一球目を強振。火を噴くような当たりがファーストベース上を抜いて、ボールはライトのフェンスまで達する長打となる。一塁側の早実応援団が騒然となる中、二塁から砂田が躍り上がってホームイン。

が、早実はなおも攻撃の手を緩めない。つづく四番田村がフォアボールを選んで一死満塁。ここで、闘志満々の五番・藤田保夫がレフト前にクリーンヒットを放ち、飯田、王を迎え入れるのである。そして、つづく六番の岩瀬洋一が意表を突くスクイズ。一挙四点。

疲れの見えた明治のエース、下田義夫が息をつく暇もない攻撃だった。

五対一。勝負あった――。誰もがそう思った。

味方の攻撃は一二回の裏を残すだけで、しかも相手のピッチャーは、全国優勝の経験がある王貞治である。

満員の三塁側スタンドで、立ち詰めで声を嗄《か》らしていた応援団にも、絶望感が広がった。しかし、そんな中でも、勝利を疑わない、いや諦めない男が一人だけいた。

明治高校の松田監督である。

松田は、この時、まだ血気盛んな二〇代である。明治大学の島岡に命じられ、高校の監督についた松田は、その猛練習から選手に「鬼」と称され、恐れられていた。その松田が、一二回の守備から帰ってきた選手に、

「勝負はこれからだ！　まだ終わったんじゃないぞ！」

と叫んでいた。

勝負は下駄を履くまでわからない。

松田の強烈な檄《げき》は、萎《な》えかかっていた明治ナインの闘志にふたたび火をつけた。

「監督の言葉を聞いて、そうだ、俺たちは日本一の練習をやってきたんだ、という思いが湧き上がってきました」

と明治の主将、宮澤はいう。その練習がいかに凄かったか。

「松田監督のノックは厳しかったですよ。至近距離からの猛ノックで、前歯が折れたり、グローブをはじかれたり……。〝グラブなんかつけるな！〟と、部員は素手でノックを受けさせられました。ランニング一つとっても、二時間とか三時間とか、時間を区切られて走る場合は嬉しかった。その時間が来れば終わりますからね。でも松田監督の〝走れ〟は、ただ延々と走るだけなんです。今日はバットスイング、あるいは今日はベースランニングというと、延々とやらされました。終わりのわからない辛さ。これはどうしようもありませんでした。

しかし、精神力はつきましたよ。なにより、自分たちは日本一の猛練習をやっている、という気持ちになりました。練習中に水を飲んではいけない時代でしたから、水をしみ込ませたタオルで、顔を拭くふりをして水分をすすったものです。でも、練習とは何万回に一回のためにやっているんだ、と思いますね。その何万回に一回が土壇場に凝縮されて出る。そのために練習をやったんだなあ、と、今になって思います」

このまま負けてたまるか！

明治ナインの闘志は、四点差をつけられ、逆にますます激しく燃え盛ったのである。明治は一アウトのあと、ピッチャー下田の代打、渡辺直が三塁線をゴロで抜き、一塁へ出塁する。

次に登場した代打の古庄弘勝の時に、早実に痛恨のプレーが飛び出す。古庄が打ったゴロはセカンドへ。ここで、無理をせずファーストに送って、アウトカウントを一つずつ取っていれば、あるいは傷口は大きくならなかったかもしれない。

しかし、岩瀬二塁手はゲッツーを狙ってセカンドベースを踏もうとしたが、咄嗟《とっさ》に踏み損ねてセーフ、慌てて一塁に転送したがこちらも間に合わなかったのである。

オールセーフ！

審判の「セーフ！」というコールに、三塁側の明治応援団は揺れた。

一死一、二塁。

それでも四点差があれば、どうということはないピンチである。しかし、王はここで一番金子衛にライト前ヒットを許す。

一死満塁。

両校応援団の絶叫が入り乱れる異様な雰囲気の中で、王は次打者・野村善信に対して、突如、制球を乱した。

一球、二球、三球……。

ストライクが入らない。四球目もボール。押し出しのフォアボールだった。

「これはいかん」

流れが完全に明治に傾いていた。

「ヒットは打たれても仕方ないと思いますが、一二回裏に出したフォアボールが悔やまれます」

と、王は述懐《じゅっかい》する。それは、たしかに悔やんでも悔やみきれない押し出しだった。

早実の宮井監督は、ここでピッチャーをスイッチ。リリーフの河原田明を登板させ、王をライトのポジションに下げたのである。

奇跡の逆転劇

が、明治の勢いは止まらなかった。代わった河原田が投じた二球目だった。

明治の三番西広良政が、バットを振り抜くと、打球は一直線でセンターへ。

「あっ」

神宮の内野を埋めていた両校の大応援団は、早実のセンター飯田が、背走しながら及ばず、転倒するシーンを目の当たりにする。逆シングルに出したグローブの先を、すんでのところで掠《かす》めたボールは外野フェンスまで転々ところがった。

「センターの真上に飛んだライナーでした。外野手にとって、真っすぐ自分の頭上に飛んでくるライナーというのはいちばんとりにくいものです。あれが少しでもどちらかにずれていたら、たぶん捕られていたでしょう。運がよかったと思います。センターが転倒し、走者は一掃。場内が騒然となる中、三人のランナーが次々と還ってきた。夢のような光景でした」

ネックストバッターボックスにいた宮澤は、その時の様子をそう語る。

西広の土壇場の三塁打で、五対五の同点！

もはや球場を覆い尽くした異様な興奮は、グラウンドの選手たちの平常心を失わせていた。

早実ベンチはここでライトに下げたばかりの王を再びマウンドに呼び戻した。

王対宮澤――両校の主将同士にして、エースと四番の対決である。

この時、宮澤は打てる気がしなかった。この試合も四打数でヒットはゼロ。王の重く、ひざ元に食い込んでくるインコースの球は、バットに当たると、手がしびれるほどだった。

この試合、宮澤はその威力の前に、完全に王の軍門に降《くだ》っていたのだ。

「スクイズ！　スクイズ！」

ベンチからは、この日不調のキャプテンにチームメイトのそんな声が飛んできた。

しかし、ベンチから出てきた松田監督は、

「ミヤ、好きに行け。いいか、思い切って振るんだぞ」

と、耳打ちした。

スクイズはない。思い切っていくしかない。

「よっしゃ。どうせ打てないんだったら、思い切って行こう」

この時、宮澤に初めて、開き直りの気持ちが生まれた。

宮澤は、それが王の投じた二球目だったと記憶している。

「ど真ん中のストレートでした。思い切って振ったら、打球はライナーで左中間を割りました。四八年も経ちましたが、今もあの時の感触は手に残っています」

勝ったあーっ。

ダイヤモンドを走る宮澤は、音も何もかもが消えたような不思議な感覚にとらわれた。

「真空状態の中を走っているような感じでした。気がつくと、そのままダイヤモンドを一周していました。ホームプレートを挟んで試合終了の挨拶が終わっても、応援席はまだ狂喜乱舞でした。この時、松田監督が泣き崩れたのが印象的でした」

鬼の松田監督の涙——。

白雲なびく……明治の校歌が応援席を埋めた人々によって歌われ始めると、松田が感極まるのである。

このシーンは、明治高校野球部に語り継がれ、泣き崩れる松田監督の横で応援席に向かって頭を下げるナインを撮った黄ばんだ写真が、平成一八年、移転に伴って調布市つつじヶ丘の明治高校野球部の部室が取り壊されるまで、壁には貼られていたという。

当時の新聞（「朝日新聞」昭和三三年八月四日付）は、この劇的な試合をこう描写している。

〈死闘一二合、まさに〝奇跡〟としかいいようのない逆転をなしとげ、明治高は早実を破って三たび甲子園出場東京代表の栄冠をかちとった。

三日の高校野球東京大会決勝、球史にもまれな大熱戦に薄暮《はくぼ》の神宮球場はただ興奮のルツボ。

内野席にギッシリつまった二万の観衆は、試合終了のサイレンが鳴り終わってもしばらくはボウ然、だれ一人として動かない。敗れた早実も、勝った明治ももう言葉はなくただ涙。十三日間にわたる大会の熱闘をしめくくるすばらしく劇的な幕切れだった〉

敗れた早実のキャッチャー田村の回想である。

「あの瞬間は、勝ったとか、負けたとか、なかったですね。一瞬、ボーッとして我を忘れてしまった。あの一二回裏は、明治の流れを押しとどめることができなかった。スポーツの恐ろしいところは、そこです。大きな流れになっていくと、もはやどうしようもないんです。あれからも私は野球の世界に身を置きましたが、ゲームの流れというものをいつも考えるようになりました」

その後、中央大学野球部に進んだ田村は、社会人野球では河合楽器に所属し、監督も務めている。田村にとっても、この明治高校戦の敗北は、忘れようとしても、生涯忘れられないものとなったのである。

プラットホームの別れ

強敵早実に勝てるとは思っていなかった明治高校は、甲子園の宿舎から、大阪までの特急「はと」の切符まで、すべてを早実から譲り受けて八月五日、甲子園へ向けて出発する。

正午過ぎ、東京駅のプラットホームには、明治高校の応援団や関係者が駆けつけ、校歌や応援歌の合唱、そしてエールが響き、ごった返していた。

甲子園の抽選を翌日に控えた中で、大阪へ向かう明治高校の慌ただしさは、尋常ではなかった。キャプテンの宮澤は、そんなざわめきの中、

「王くんが来てくれてるよ」

と、声をかけられた。

「えっ？」

宮澤は一瞬、意味がわからなかった。すると、プラットホームの向こうに王と早実野球部の箱《はこ》岩《いわ》徹部長の姿が見えた。延長一二回の死闘を戦い抜いた宿敵がそこにいたのである。

その姿に宮澤は驚いた。開襟シャツに黒ズボンという高校生の姿でやって来た王は、どこにでもいる高校生そのものの雰囲気なのである。

目はくりくりしていて、少年っぽい王がそこにはいた。

「ユニフォーム姿の王君は、それは貫禄《かんろく》がありました。ふてぶてしく落ち着き払っていて、憎いほどでしたよ。僕らは、ずっと打倒・王で苦しい練習に耐えてきましたからね。いつかは王を超える、という思いで練習してきたんです。

だから、余計そう見えていたんでしょうね。でもこの時、学生服姿の王君は、本当に少年っぽくて僕らと変わらないように見えました」

宮澤は、その時の印象をそう語る。

「頑張ってこいよ」

「ありがとう。頑張るよ」

王が声をかけると、宮澤はそう答えた。

身長一六七センチの宮澤は、一八〇センチ近い王を見上げる感じで握手した。

「自分が逆の立場だったら、果たしてそんなことができたのか、と思います。あれだけ悔しい思いをしているのに、よく見送りに来てくれたなあ、と思います。今でも胸が熱くなりますね。それ以来、うちの親父は、昭和五三年に七六で亡くなりましたが、死ぬまで大の〝王ファン〟でしたよ」

王はいう。

「野球部の箱岩部長から声がかかり、東京駅まで明治高校の見送りに行ったんです。前日まで、悔いを残すことなく思い切り戦ったので、素直に頑張ってきてほしいと言えましたね」

こうして、群を抜く力を持った王貞治の高校時代は終わる。悲願の選手権制覇は、この王をもってしても達成できず、早稲田実業が、選手権制覇に「王手」をかけるには、これから二二年も後、荒木大輔投手の登場を待たねばならないのである。

第七章

鬼神

斎藤佑樹が投じた顔面近くの速球に、日大三高・田中洋平が大きくのけぞる。
平成18年7月30日、西東京大会決勝。

主砲・田中洋平との対決

「この野郎!」

その瞬間、田中洋平の眼が、ぎらりと光った。

強豪校の四番に座る左バッター田中の筋骨隆々たる身体は、それだけで相手投手をビビらせる迫力だ。しかし、田中の眼は、それとは対照的に普段は優しさと柔らかさを持っている。

その眼が、一瞬にして勝負師の「刺す」ような視線に変わり、マウンドの斎藤を睨みつけたのだ。

「ブラッシュボールじゃないか」

一四〇キロの豪速球が、あわや顔面を直撃するかというぎりぎりのところを襲ったのである。

「なんだ! プロなら危険球だぞっ」

日大三高のファンだろう。騒然となったバックネット裏の一塁側に近い観衆から、罵声が飛んだ。

平成一八年七月三〇日、西東京大会決勝戦。

四年連続の甲子園出場を目指す王者・日大三高に伝統校・早稲田実業が挑む注目の一戦は、予選史上最多の観客二万三〇〇〇人を神宮球場に集め、昭和五八年以来となる外野席開放の中でおこなわれていた。

昨秋の東京大会に優勝し、春の選抜に出場した早稲田実業は、甲子園で岡山県代表・関西高校との延長一五回引き分け再試合などの熱戦を演じてベスト八に進出。優勝した横浜高校に敗れるものの、久々に「東京に早実あり」を全国の高校野球ファンに印象づけた。

一方、日大三高は、春の東京大会、関東大会を圧倒的パワーで勝ち進んで優勝。西東京大会史上初となる四連覇に王手をかけていた。

どちらも相手にとって不足はない、意地と意地がぶつかりあう一戦である。特に斎藤にとっては、一年前の「人生最大の試合」の雪辱を果たす因縁の闘いでもあった。

斎藤は三回までに強打三高の前に三点を失ったものの、中盤から立ち直り、回を追うごとにスピードが増し、後半になって一四〇キロ台のスピードボールとキレ味鋭いスライダーを連発。試合は、両チームとも一歩も引かない我慢比べの様相を呈していた。

真夏の陽光でグリーンの人工芝が、ホワイトに色変わりしたのではないかと錯覚するほど、眩《まぶ》しいほどの白さがグラウンドを覆っていた。照り返された灼熱《しゃくねつ》のダイヤモンドは、おそらく摂氏四〇度近くになっているに違いない。

九回表一死一、二塁、三対三の同点。それは、勝負がまさに決しようという場面だった。小倉全由監督が最も信頼を寄せる主砲の田中も、

「勝負はここだ」

と、満を持しての打席に臨んでいた。

田中の顔面を掠《かす》めたボールで場内が騒然としても、マウンド上の斎藤は微動だにしない。表情にはなんの変化も生まれず、動揺の色も見えなかった。それどころか、この時、斎藤は、

「しめた」

とさえ、思っていた。

田中は怒っている。平常心を失っているかもしれない。それならいける。

「頭のほうにボールがいったのは、僕のコントロールミスです。でも、思いっきり内角を突いて、たとえ当たっても仕方がないと思っていました。甘くいけばホームランです。厳しく攻めて、仮にデッドボールになっても、一塁で済みます」

こともなげに斎藤はこのシーンを振り返った。

鬼である。あるいは、「鬼神」と表現したほうがいいかもしれない。斎藤は、主砲・田中洋平を前に、非情な勝負師となっていた。

一年前、同じ神宮球場で日大三高に屈した斎藤とは「違う人間」が、そこにはいた。

そう、高屋敷と最後にクールダウンのキャッチボールをしてから、ちょうど一年の歳月が流れていたのである。

だが、三高の四番田中も、そんなボールで動揺するバッターではなかった。すでに斎藤が投げてくるその球を、田中は予想していた。

「（準々決勝の）東海大菅生戦でも、斎藤は主力の左バッターの頭のあたりにボールを投げています。ビデオでそれまでの早実の試合を見たのですが、菅生のクリーンアップの打者が、ボールが鼻先をかすって、鼻血を流している姿が映っていました。

うちとの初回にも、チャンスで登場したキャッチャーの池永周平に、斎藤は初球をいきなり肩に当てている。当然、ピンチになれば、身体の近くにボールを投げてくることは頭の中に入れていました」

しかし、それでもド迫力の豪速球が顔面近くを襲った時、田中は、

「この野郎！」

と、思ったのである。さすがに、ここまで頭の近くに来るとは、「想像以上」だったのだ。

「次は、スライダーだ。これを狙う」

騒然となる一塁側の三高応援団の声を聞きながら、田中は冷静さを失っていなかった。打席に入り直しながら、絞り球を頭に刻み込んだ。

キャッチャーの白川はここで、スライダーのサイン。斎藤が小さく首をタテに振る。

「勝負っ」

斎藤の渾身のスライダーが田中の内角高めを突いた。

「しめた！」

狙い通りのボールだった。田中のバットが動く。

ガッ。

鈍い音が響いた。

「しまった」

狙い通りのボールに、田中の身体は一瞬、早く開いていた。

「ここで打つ」

という思いが、微妙に感覚を狂わせたのか、あるいは、顔面の近くを通った前のボールの残像が影響したのだろうか。打球は一塁側のファウルゾーンへ高く舞い上がった。キャッチャーの白川が、日大三高のベンチ前まで走り、この飛球を捕った。

アウト！

主審の右手が高く上がった。三塁側の早実応援団から、どっと歓声があがった。最も警戒するバッター田中を打ち取ったのだから、無理もない。

「打たなきゃ、という思いで少し、力んだのかもしれません。打てる球でした。今も（打ち損じを）悔やみます」

田中は、このシーンをそう振り返った。

次打者も三振に倒れ、三高は惜しいチャンスをつぶした。早実の九回裏も無得点で、試合は延長戦にもつれ込んでいった。


王者・日大三高を倒すことは、斎藤にとっても、早実全ナインにとっても悲願である。この強豪校を倒さなければ、甲子園への夢は現実にならない。常に、その夢の前に立ちはだかる強大なる敵が日大三高なのだ。

中でも警戒しなければならない相手が、昨年もホームランを打たれている田中洋平だった。

斎藤がいう。

「田中には打たさない、と思っていた。しかし、初回にいきなり右中間にライナーの三塁打を打たれました。田中の振りは速いし、凄い。甘い球は許されません。以後、内角をグイグイ突いていきました」

初回は、一アウト一塁の場面で登場した田中が、フルカウントからの真ん中低めのストレートを振り抜き、セカンド右を火の出るようなゴロで抜く右中間三塁打を放っているのだ。

実は、第二打席目がフォアボールになったあと、斎藤対田中の注目される勝負が、すでに第三打席目に訪れていた。日大三高が三対一とリードした四回表のことである。一アウト満塁というピンチに、斎藤は四番田中を打席に迎えたのだ。敬遠もできない場面であり、同時に一打出れば、勝負が決せられるという絶体絶命のシーンである。

この時、斎藤は一球目に外角のストレートを投げている。

「ストライク！」

二球目は、田中の胸元を突くストレート。ボールである。

三球目。斎藤―白川のバッテリーは、ここでカーブを選択する。田中のバットが、タイミングを外され、空を切る。二―一。次が勝負球だ。

ここで斎藤は、田中のヒザ元に強烈なストレートを投げ込んだ。

一瞬、身体をくの字にしてよける田中。田中のヒザがあった場所を、一四〇キロの豪球が唸《うな》りを上げて通っていった。よけなければ完全にデッドボールだっただろう。

あたっても構わない――。

気迫がこもったボールだった。満塁でも斎藤は、怯《ひる》むどころか、真っ向から田中に立ち向かっていた。

二―二。

白川がサインを出す。スライダーである。しかも、

「地面に叩きつけていい」

というサインだった。スライダーのサインを出した後、白川が指で地面を指せば、叩きつけ

ろ、つまりボールのスライダーを振らせろ、という意味だった。

斎藤は要求通り、内角低めに、ワンバウンドのスライダーを投じた。

「空振り、三振！」

さしものスラッガー・田中のバットも空を切った。

満塁でワンバウンドのスライダーを投げさせた白川。それに応じた斎藤。ミットがはじいても、またボールのコントロールが悪くても、一点を失う場面である。

ワンバウンドをうしろに逸《そ》らしてばかりいた昨秋の白川とは、まったく違うリードだった。早実は、こうしてピンチを切り抜けていった。

読まれていた斎藤のクセ

日大三高が、中盤まで斎藤を攻めに攻めていたのにはわけがある。

そのパワーや破壊力だけでなく、相手チームを徹底して研究し尽くす緻密さが日大三高の強さの根源だ。それは、野球を知り尽くした小倉ならではの方針と分析力によるものだった。

実は、日大三高偵察陣はこの対戦に入る前に、すでに斎藤のある「クセ」を割り出していた。

小倉によれば、斎藤はストレートを投げる時と変化球を投げる時とで、セットしたグローブの角度が微妙に違っていたというのだ。

「斎藤君は振りかぶるのではなく、グローブをお腹の前にいったん置いて投球動作に入るのですが、この時、ストレートを投げる場合は、グローブをやや高く、直角に近く置き、変化球の場合は低く、グローブをやや倒して置いていました。わずかな差ですが、違いがありました。うちの選手がこれを見抜いてきたので、試合前から、斎藤君のこのクセを選手たちは頭に叩き込んでいたんです」

初回から、斎藤に襲いかかった三高打線。そのウラには、偵察部隊の活躍という、「もう一つの戦い」が隠されていたのである。

「球種を読まれているのではないか」

斎藤が、そのことに気づいたのは、試合が中盤にさしかかった頃である。実は、斎藤は試合前に、監督の和泉から、

「気をつけろ。投球モーションのクセを見抜かれている可能性がある」

という注意を受けていた。和泉が指摘したのも、やはりグローブの位置だった。

斎藤がいう。

「何となく、打者のタイミングが（投球に）あっているんです。〝打たれ感〟を感じて、どうも球種がわかっているような気がしました。監督に言われていたので、これはどうも本当に（クセが）見抜かれているのではないか、と感じました。それで、逆にそのクセを利用してみようと思ったんです。中盤の五、六回のことだったと思います」

クセを逆に利用する――？

どういうことだろうか。

「意識して、投げる時のグローブの位置を逆にしたり、バラバラにしたりしたんです。グローブを低い位置に置いた時に真っすぐで、逆に高い位置は変化球とか」

斎藤は、過酷な試合展開の中で、土壇場でこれを〝修正〟してきたのである。

「斎藤にクセがあり、これを見抜かれている可能性があることはわかっていました。予選の途中、グラブの位置で球種がわかるよって、三回戦ぐらいにOBに指摘されていたんです」

和泉は、その舞台ウラをこう明かす。

「だけど、急にクセを直させることで、投球のコントロールが悪くなるほうが良くないと思った。クセなんてなかなか直らないんだから。まあ、そういうクセがあるよ、と斎藤には言うにとどめました。というのも、クセを直すことに集中したら、投球に集中できなくなる。斎藤って子は、そういうことができそうに見えて、ひとたび投球がアンバランスになってしまうとすごくダメになる面がありました。二年半付きあってきて、それはよく知っている。だからあまり無理に直させようとはしなかったんです」

斎藤という投手が発展途上であることを、最も知っているのが、和泉なのである。

「斎藤は器用そうに見えて、器用じゃないんだ。かと思えば、（難しいことも）バチッとできちゃう時もある。（甲子園の決勝戦でも）スクイズを外したりできるわけだから。どっちが本当の斎藤かというのはわからないんだけど、だんだん〝できる斎藤〟が増えてきていることは確かです。以前は、〝やろうとしてできない〟ことが多かった。頭で考えてることはそんなに変わらないと思うけど、〝やろうとしてできる〟ことが増えてきたんです」

斎藤のクセに対する指摘が、野球部OBからすでにあったというのも驚きなら、それを踏まえて、本来の調子を最優先し、無理に修正させなかったというのも、興味深い。

戦いは、グラウンドの中だけではない。心理戦と駆け引き、あるいは技術論のすべてが総動員されて球場外でも熾烈《しれつ》な戦いはつづいているのである。

「あれ、おかしいぞ、となったのは、七回ぐらいからでしょうか」

と、田中洋平がいう。

「僕たちは、〝ほら来た！　まだ行けるぞ〟と、斎藤君のクセを確認しながら試合を進めていました。これが〝違うぞ〟となったのは、終盤の七回頃からです。僕自身が七回表の打席に入って、えっ違うぞ、と思いました。九回に打席に入った時には、もう使えないと思っていました」

ひと振りに賭けた男

試合が動いたのは、一〇回表である。

この回、先頭の日大三高・村橋勇祐が、二塁ベース寄りにゴロを放つと、セカンドの内藤浩嵩がつんのめって転び、これをヒットにする。次打者・池永は粘って二―三から四球。ノーアウト一、二塁で三高は、定石通り、送りバント。ここで斎藤が、バントされた球を拾い上げて、三塁に送球すると、三塁手の小柳の頭上を越える暴投になる。

躍り上がって、ホームインする村橋。四対三――。

冷静な斎藤が犯した数少ないミスだった。

延長でのミスは、いうまでもなく致命傷である。

「しまった……」

斎藤も、そしてナインも、すべてが初めて「負け」を意識した。

追い詰められた早実は、一〇回裏、五回からエース村橋に代わってマウンドを守る田中一徳《かずのり》に先頭の白川英聖が三振に切ってとられた。

「これで終わりだ」

レフトの船橋は、そう思った。いやナイン全員に、そんな思いがよぎったに違いない。

だが、監督の和泉はあきらめてはいなかった。

ここで、代打の切り札、神田《かんだ》雄二を指名したのである。

神田は、新チームでは秋の時点から背番号四をもらったレギュラーである。だが、実際には、一年下の内藤が先発メンバーに名を連ねることが多かった。神田は、定評のあるバッティングを生かして、代打にまわることがほとんどだったのである。

この夏、背番号は一五になり、三回戦の対都立小川《おがわ》高校戦で六回に代打に出て三振して以来、これが二度目の打席だった。だが、新チームで、代打として結果を出し続けてきた神田には、実戦から離れた不安はなかった。

「準備はいつでもできている」

バットの職人・神田には、この場面が早実にとって正念場であることが誰よりもわかっていた。自分がアウトになれば、二死ランナーなし。勝負は決まる。なんとしても塁に出なければならない。それだけが神田の思いだった。

「とにかく自分が塁に出なければ、という気持ちと、同時にこれが三年間で最後の打席になるかもしれない、という思いが湧き上がってきました。一球目から悔いが残らないスイングをしよう、と思って打席に立ちました」

しかし、狙っていた初球のストレートは、ファウル。そして田中が投じた二球目のストレートは外角ぎりぎりの際どい球だった。

「ストライク！」

審判の右手が上がる。

「ヤバい」

手が出ないほど厳しい球だった。

ツーナッシング。わずか二球で、神田は追い込まれてしまった。

神田は、自分の心臓の鼓動が速まっているのを感じた。最後の打席がこれで終わるかもしれない。それは、自分にとって、いや仲間すべてにとって、高校野球の終わりを示していた。

だが、神田ら控え組は、普段のバッティング練習から「一球勝負」を実践している。レギュラー組が五本ずつ打って交代する一方で、控えは一本で交代。「一球で仕留める」という練習をひたすら積んできたのだ。

ひと振りにかける男・神田は、これまで自分がやってきたことを信じた。

「打てる。いや打って見せる」

高鳴る自分の心臓の鼓動を鎮めるように、神田はそう自分に言い聞かせた。

三球目、スライダーが高めに外れる。

そして、二─一からの四球目、外寄りの球に神田の身体が反応した。

「直球だ！」

だが、田中の投じた球は、スライダーだった。

途中からクッと曲がる球に、神田は食らいついた。ストレートに対応して振り始めたバットの軌道を瞬間的に修正したのだ。

ガンッ。

ボールにバットをぶつけ、そして必死の思いで振り抜いた。

バットの先っぽに当たった打球は、神田の執念が乗り移ったかのように左中間へのハーフライナーとなって飛んだ。神田の視界に、センターの村橋が猛然と打球を追う姿が入った。

「頼む、落ちてくれ！」

懸命にダイブする村橋のグラブの先で、打球が弾んだ。ボールは左中間へと転がる。祈りは通じた。

「よし、二つ行ける」

一塁ベースを蹴った神田の全身を、快感が駆け抜けた。

「やったぞ！」

起死回生だった。続く一番川西の痛烈なライナーも、レフトの岩間《いわま》聖吾《せいご》がノーバウンドで捕球を試み、失敗して二塁打となる。

打球が抜けるのをハーフウェイの態勢で見届け、神田は余裕を持ってホームを踏んだ。延長一〇回、四対四の同点！　ベンチは、狂喜して神田を迎えた。

早実が甲子園出場に向かって息を吹き返した瞬間だった。

決着がついたのは、延長一一回だった。

一一回表の二死三塁のピンチを凌《しの》いだ早実は、その裏、先頭の三番檜垣が、この日、田中が投じた一二二球目を思いっきり引っ張り、ライトフェンスを直撃する痛烈な二塁打を放ったのだ。

檜垣は、センバツでは甲子園入りしてから調子がどん底となり、一四打数一安打で、チームの足を引っ張った。

「三番を任せてもらったのに打てなくて、悔しいというより自分に腹立たしい気持ちが強かった。そして、夏もこんなんじゃ悔いが残る、と思っていました。もうあんなブザマな姿は誰にも見せたくない。春以降、そう思いながら、ずっと練習してきました」

檜垣は、全体練習が終わった後も黙々と筋トレに励み、冬の間は一日三〇〇回程度だった素振りを五〇〇回以上に増やした。家に帰ってから、深夜まで振り続けたこともある。

そんな努力が、土壇場で実った。その二塁打は、檜垣にとってこの日、四本目のヒットだったのである。ここで好投をつづけてきた田中一徳に代わって、小倉監督は、ピッチャーを背番号一〇の久松延行《のぶゆき》にスイッチする。

四番後藤の送りバントで檜垣が三塁へ進むと、打席に入ったのは、レフトの船橋である。

一年前、日大三高との戦いで、コールドゲームの最後の打者となったのが船橋だった。

「もちろん、あの時の三振は忘れられません。エースの大越（遼介・明治大学野球部一年）の強烈なスライダーの軌道は、いまも脳裏に焼きついています。自分が三年間対戦した左投手の中でも最高でした。あの三振には刺激を受けました」

屈辱のコールド負けから一年。三年生となった船橋は、またしても土壇場で打席に立ったのである。この時、船橋の頭には、

「初球から行く」

ということしかなかった。

「外野フライでいいとか、そんなことも考えなかった。ピッチャーは代わりっぱなです。サヨナラの場面で、ピッチャーもビビっているはずです。だから初球を狙ったんです」

船橋の基本スタイルは、普通の試合でも、「一打席目の初球がいちばん狙える」というものである。初めての打席の、しかも初球をフルスイングされると、絶対にピッチャーは嫌がるはずだ、と船橋は考えている。

試合開始から三時間四八分。その球は、魅入られたように船橋の内角へ投ぜられた。

カーン！

鮮やかな快音とともに打球はセンター前へ。早実ナインは歓喜、日大三高はグラウンドにつっ伏し、そのまま動けなくなった。

死闘の決着——それは、前年の西東京大会準決勝のコールドゲームから数えて、三六八日目のことだった。

窮地を救った斎藤の「三盗」

実は、日大三高戦に至るまでの早稲田実業の闘いも、決して楽なものではなかった。

そもそも早稲田実業は、予選の初戦（二回戦）の都立昭和《しょうわ》高校戦で、あわや敗北という大苦戦を強いられている。

あれほどの強さを見せつけ、甲子園では、決勝戦で駒大苫小牧との二日間にわたる死闘を演じた早稲田実業も、予選に突入した時期、チーム状態はまだ上昇気運に乗っていなかった。いや、むしろどん底だったといったほうがいいかもしれない。

「いちばんきつかったのは、昭和戦だった」

こう振り返るのは、レフトの船橋である。

「あの試合、自分はちょっとよぎっちゃいました。ひょっとして、こんなところで終わるのかなって……。あの頃、自分たちは負けグセがついてたんで、ホントに嫌な感じがしたんです。夏前の練習試合が、たしか二勝一〇敗二分けぐらいだった。この試合も、流れが悪くて乗り切れなかったんです」

七月一六日、日曜日。

八王子《はちおうじ》市の多摩《たま》ニュータウンに平成一二年にできた上柚木《かみゆぎ》公園野球場。センバツにも出場した優勝候補の一角・早稲田実業が登場したこの日、観客が目撃したのは、都立の昭和高校相手に六回を終わって、二対一でリードを許すという意外な早実の姿だったのである。

「何でこんな恥ずかしい試合してるんだろう……」

ファーストを守る檜垣がそんなことを考えれば、サードの小柳竜巳も、

「監督も初戦がいちばん難しいって言っていた。守ってて悪い流れがあって、それで焦りが出た。危ないと思った」

一方、昭和高校は、早実との試合に万全の態勢で臨んでいた。組み合わせで対戦が決まった数日後には、同校の若き監督、田北和暁《たきたかずあき》（二六）がナインに二枚綴りのA4用紙を手渡した。

それはストライクゾーンを九分割し、早実の各バッターの得意コース、苦手コースを色分けしたチャート図だった。赤は危険ゾーン。青は安全ゾーン。黄色はその中間。たとえば四番後藤であれば、赤は真ん中高めだけ、アウトコースはすべて青で、インコースも真ん中と低めは青。残りのど真ん中と真ん中低め、インコース高めが黄色、と分析されている。

「もちろんビデオのデータをもとに作成したもので、根拠はあります。でも実際は、安心させるためのマインドコントロールでした」

と、田北はいう。

「バッテリーへの指示は、〝（投げるコースは）黄色でいい。できたら青に投げよう。赤だけは絶対投げるな〟。そうすると、投げるコースがたくさんあるわけです。たとえば後藤であれば真ん中高めだけ避ければいい。ど真ん中でもいいということです。そういう楽な状態で投げれば、うちの村木（公治《こうじ》）のコントロールなら青に投げ込める。だから、色分けはかなり甘めにしました」

田北のもう一つの秘策が守備シフトだった。

「ここに投げれば打球はここに飛ぶ、というのはある程度わかります。村木のコントロールを信頼しているから、バックも大胆なシフトを敷くことができるわけです」

昭和高校は一回戦を大勝し、予定通り早実戦に臨む。準備は万端。虎視《こし》眈々《たんたん》と、番狂わせを狙っていた。逆に早実は、昭和高校の怖さにまるで気づいていなかった。

試合の流れが摑《つか》めなければ、野球は負ける。このスポーツのおもしろいところは、たとえ力が劣っていても、工夫し、相手の弱点を突き、流れを自分のほうに持ってくれば、実力が下でも相手を倒す可能性が出てくることである。

そんな野球の怖さを、斎藤は十分知っている。早実ナインが不安な思いで試合を進める中、斎藤だけは、

「こんなところで負けてたまるか」

と思っていた。五回の攻撃では、先頭バッターとして相手の意表を衝くセーフティバントを決め、一点目のホームを踏んでいる。

セカンド内藤のタイムリーヒットで、早実がようやく同点に追いついたのは、七回だった。だが、それも束の間、斎藤は八回裏に、二死二、三塁のピンチに立たされる。

しかし、相手投手の村木を「狙って」三振に切ってとった斎藤は、最終回九回表、またしても先頭バッターとして打席に入った。

斎藤は、ここでレフト前にヒットを放つ。

この時、斎藤はエースとしてではなく、ランナーとしてこう決意していた。

「なんとしてでも一点もぎ取ってやる」

二年の小沢秀志《しゅうじ》のバントで二進。八番白川がレフトフライに倒れ、二死二塁となった。

迎えるバッターは七回にタイムリーを放った内藤である。

内藤の放った打球は鈍い音を残してピッチャー前に転がった。

この時、斎藤は走者として「とんでもないプレー」を見せている。

「内藤がピッチャーゴロを打った時、斎藤が勝手に三盗のスタートを切ってたんです。ノーサインですよ」

と、船橋は振り返る。早実で「グリーンシグナル（自分の判断で盗塁してもいい許可）」を与えられ

ているのは俊足のトップバッター川西だけだった。投手の斎藤が、この土壇場で、しかも三盗というのである。だが、斎藤がいう。

「いえ、ノーサインじゃないです。監督さんから〝行けたら行け〟のサインが出ていました」

しかし、ベンチにいた他の選手は、監督がサインを出すところを見ていない。

「サインは、出してましたよ。ただし、〝顔〟でね」

と、和泉がいう。二塁ランナーの斎藤の目を見て、和泉は、「い・け・た・ら・い・け」と口を動かして伝えたのだという。

「その前の投球から、斎藤が走りたそうにしてるのがわかった。三塁手がベースにつかず大きくショート寄りに守ってましたからね。だから、顔でサインを出したんです。それに斎藤が気づいたんだな。（身体を使った）通常の盗塁のサインじゃないから、他の選手はノーサインだと思ったんでしょう」

斎藤もいう。

「自分が前の球でスタート切ってたんで、監督さんもこいつなら行けると思ったんじゃないですか。内藤があの時、打ってなくても三塁はセーフです」

結果的に、斎藤がスタートを切っていたことが、とてつもなく大きな意味を持つ。回転のかかった内藤のゴロをピッチャー村木が弾いたのだ。回転が変わり、ボールはセカンドのほうへと転がった。それを見た斎藤は、一気に本塁に突入したのである。ボールを拾い上げたセカンドが懸命のバックホーム。クロスプレーとなったが判定はセーフだった。

早実が待望の勝ち越し点を挙げたのである。

試合は最終回のこの一点が決勝点になり、三対二で辛うじて早実が勝利を収めるのだ。それは、全国四一一二校の中で「最後まで負けなかった」唯一のチームの最初の一勝だった。

「あの走塁は大きかったですね」

斎藤自身も認めるし、小柳もこう振り返る。

「奇跡ですね、あれも」

斎藤がスタートを切っていなかったら、ひょっとしたら、早実が初戦で消えていた可能性もあったのである。昭和高校の田北監督がいう。

「あの場面で、斎藤君は自分の意思でスタートを切りました。その判断ができる選手は、ウチのチームにはいなかったと思います。そこに、斎藤君とウチの選手との差があったんじゃないでしょうか。本当に上まで行く子は、自分のために野球をやっている。入学した時から上を目指しているし、そのために練習に取り組んでいる。だから失敗も肥やしになる。野球は一人でやるもんじゃないと言うけど、あの試合は斎藤君一人に負けました」

昭和がいちばんヤバかった――ナインが口を揃えるその試合を斎藤の執念でなんとか突破した早稲田実業。だが、この試合を経ても、チームは波に乗り切れなかった。

泥まみれのノック

昭和高校に辛勝し、三回戦の小川高校には一一対二で七回コールド勝ち。しかし、早実は、大会前の不振を、まだ払拭《ふっしょく》できていなかった。身体と気力がまだチグハグで、チームの雰囲気が気迫の「塊」と化すところまで、到達していなかったのである。

小川高校戦の数日後、早実の南大沢グラウンドで異変が起こった。

「ものすごい怒鳴り声が聞こえたので、なんだろう、と思って見たら、内野手が一塁ベース付近に集まっていたんです」

こう証言するのは、外野で集中ノックを受けていた船橋である。

キッカケとなったのは、ファースト檜垣のプレーだった。

「内野手はシートノックを受けていて、自分のラスト一本の打球が一、二塁間のゴロだった。飛べば取れたかなっていう際どい打球を、飛ばずにスルーしてしまったんです」

と、檜垣がいう。和泉監督はもう一本、檜垣に向けてノックを打つ。

だが、その打球は二塁手の定位置を通過するようなゴロで、檜垣の守備位置からはとても追いつけないものだった。なす術《すべ》なくボールを見送る檜垣。

そこに和泉がもう一本打つ。またしても檜垣のはるか遠くを転がるゴロ。もう一本、同じ軌道の打球を打って檜垣が見送った瞬間、和泉が怒声をあげた。

「集合！」

檜垣のほうへ真っすぐ歩いていく和泉の顔は紅潮していた。一塁ベース付近に集まった内野陣の目の前で、和泉は檜垣を罵倒した。

「あと一点取られたらサヨナラって場面でも、お前はあんな守備をするのか！　抜かれたらサヨナラだとわかっているのに、飛びつかずに終わって、お前はそれでいいのか！」

二本、三本と、到底届かないノックを打ったのは「わざと」だった。しかし、檜垣は飛ぼうともせず、打球を見送った。その態度に、和泉が怒ったのだ。

和泉は内野手を集めると、自らグローブをはめ、ファーストの守備位置についた。

「佐々木先生、ノックをお願いします」

和泉がそういうと、黙って部員たちが見守る中、佐々木慎一《しんいち》部長が放つノックを受け始めたのだ。それは、和泉が檜垣に打ったのと同じ、遠く届かないノックである。しかし、和泉は全速力でボールを追い、届かないとわかっていても飛び込んだ。

ユニフォームが土にまみれる。立ち上がった和泉が、

「もう一丁！」

と叫んだ。佐々木が、同じ打球をノックした。

和泉はもう一度飛び、地面に這いつくばった。今度は顔面も土にまみれた。

「もう一丁！」

また叫んだ。何度も何度も、届かない打球に向かって、和泉は飛んだ。そんな和泉の姿を見て、早実ナインの中で涙を浮かべる選手も出た。

檜垣がいう。

「怒られてる時は、練習中に集合かけられて、みんなに悪いな、という程度の気持ちだったんです。でも監督がボールに飛び込む姿を見て、そうだ、最後の大会なんだから、もっと熱くいかなきゃって思いました」

この光景にショックを受けたのは、檜垣だけではなかった。小柳はこう振り返る。

「最初は正直、そこまで怒ることかな、ってちょっと冷めた気持ちだった。でも、一本だけじゃ

なくて何度もボールに飛び込む監督の姿を見て、ああ、自分たちはたるんでいたのかもしれない、って気づいたんです。このままじゃマズイなと思いました」

大会に入っても勢いに乗れない早稲田実業。大会前の不調を引きずったまま出場できるほど、甲子園というのは甘い場所ではない。

沈滞した雰囲気をどこかで一掃し、チーム一丸となって気力を奮い起こし、不調を脱しなければならなかった。これは和泉が放った、イチかバチかのパフォーマンスだったのかもしれない。

「日頃からスタンドプレーをよくやる監督だったら、またかよ、ってなっちゃうけど、日頃何にも言わない監督がやったら、(選手は)ビックリするかもしれないね。まあ檜垣をダシに使っちゃって、檜垣には申し訳なかったけど、あれはチーム全体に向かってやったことです」

和泉はそう振り返る。ノックバットを握った佐々木にも、その真意はすぐ伝わったという。

「あの頃の選手たちは、たるんでいたのではなく、悩んでいたんです。全国制覇という大きな夢はあるけど、自分たちに本当にそんな力があるのか、自信が持てなくて、もがいていた。そんな時に、言葉で何を言っても伝わらないと監督は思ったんでしょう。このチームは、西東京大会を勝ち抜きながら、徐々に戦う態勢を取り戻していったんです」

佐々木の言葉通り、その後、次第に勢いを得た早稲田実業は、四回戦で都立府中西を一一対二、準々決勝では、春のセンバツにも出場していた東海大菅生を七対三で一蹴。準決勝では、ライバルの仁平昌人投手が率いる日大鶴ケ丘を九回サヨナラ五対四で下し、決勝の日大三高との戦いに挑んだのだった。

甲子園への早稲田実業の道のりは、決して平坦なものではなかったのである。

荒木大輔のピッチング練習を見守る故・和田明監督。

第八章

荒木フィーバー

悔やまれる「あの一打」

「どうしてもあの場面が頭から離れません」

現在、関東一高で教員生活をおくる小山寛陽《こやまひろあき》（四三）は、早稲田実業が、限りなく悲願の夏の全国制覇に近づいた時の一シーンをこう振り返る。

すでに四半世紀以上も前になってしまった昭和五五年八月二二日。

第六二回全国高校野球選手権決勝、横浜高校対早稲田実業の一戦は、甲子園に駆けつけた満員の観衆が見つめる中、最終回を迎えていた。

横浜のピッチャーは、エースの愛甲猛《あいこうたけし》を六回から引き継いだ左腕の川戸浩《かわどひろし》。序盤の三回までに早実の先発、一年生の荒木大輔から五点を奪い、試合を有利に進めた横浜に対し、早実は、中盤に反撃、エース愛甲をマウンドから引きずり下ろしていた。

四対六、二点差。早稲田実業の悲願の優勝まで、差はわずか。しかし、九回を迎え、その差が重く、鉛のごとく選手たちにのしかかっていた。

一死一、二塁で登場したのは、二年生で四番の重責を担うスラッガーの小山寛陽である。調布シニア時代から、「調布に小山あり」と勇名を轟《とどろ》かせていた小山は、内外角を器用に打ちこなすバッティングセンスに加え、破壊力抜群の長打力を買われ、一年生でレギュラーの座を獲得。二年生では、強打早実の押しも押されもしない中軸に成長していた。

身長一八二センチ、体重七八キロ。都会的で整ったマスクとはアンバランスな小山の逞《たくま》しい腰まわりは、強打の秘密がその下半身にあることを物語っていた。

悲願達成を待つ早実OBたちにとって、頼もしい四番小山の登場は、待ちに待ったものだった。

「小山っ！　頼むぞぉー。落ち着けー」

「大きいのは要らない！　振り抜けぇ」

早実の全国制覇を願う絶叫が打席に向かう小山の耳にも届いた。

「ここで絶対に打つ」

土壇場九回。しかも四番。同点のランナーまで出ている場面で主砲の登場とあって、甲子園の緊張感は頂点に達した。

「中へ入ってくるスライダーを強く打つ」

小山は、この土壇場で冷静に狙い球を絞っていた。

横浜の左腕・川戸の球は、重い速球と内に切れ込んでくるスライダーが武器だ。小山は、川戸との最初の対決となった七回表、すでにこのスライダーを強く叩き、サード強襲のヒットを放っていた。

「今度も打てる」

小山には、川戸を打つイメージがすでにでき上がっていた。

悲鳴と絶叫、そして祈り。決勝戦の持つ、それも最後の土壇場が醸しだす異様な熱気の中で、小山は、ピッチャー川戸の左腕にピタリと照準を合わせた。

しかし、甲子園の異様な空気は、やはり小山に微妙な「力み」をもたらしていた。

冷静なはずの自分が、やはりあの決勝戦の持つ雰囲気に、呑《の》まれていたのだろうか。それとも、前回の打席で火の出るような当たりを打たれていた川戸が、その打ち気を見透かしていたのだろうか。

小山は、それが一球目か二球目か、いずれにしても「ファーストストライク」だったと記憶している。

あの球——なぜあの球に手を出したのか。今もバットの感触とともに、そのシーンがありありと思い出されるのだ。

外角のシュートボール。右バッターにとって、左ピッチャーが投じる外角のシュートボールは最も打ちにくい球であり、手を出してはいけない球である。

小山は、その外角のボールを、思わず〝引っかけた〟のだ。それは、まさに金縛りにでもあったかのようなバッティングだった。

ピッチャーゴロ！　ボールは、川戸のグローブにすっぽりと収まった。

「しまった！」

悔やんでも遅い。小山は、「終わった」と思いながら必死で一塁へ走った。

一—六—三。川戸から送球を受けたショートの牧田圭一郎がセカンドベースを踏み、すかさず矢のような送球をファーストへ。

ファーストは、降板した六回以降、ピッチャーの愛甲が守っていた。

ゲームセットと思った小山が一塁を駆け抜けようとした瞬間、ショートバウンドになった牧田からの送球が、愛甲のグラブからポロリとこぼれた。

セーフ！　セーフ！

塁審のコールにも、小山の気持ちは晴れなかった。四番主砲のこの中途半端な一打で、すでに勝負は決していたのである。

二死一、三塁。

次の五番キャッチャー佐藤孝治は、必死の形相の川戸の投球の前に、あえなく三振を喫した。

マウンドに駆け寄り、喜びを爆発させる横浜ナインの姿を、小山は塁上で、ただ茫然と見つめていた。


思えば、この試合は、最初からおかしかった。

いや、それは、早実が「優勝できない」ということが運命づけられていたのではないか、とさえ思えるほどの出来事の連続だった。

この第六二回全国高校野球選手権大会は、のちに「荒木フィーバー」という言葉で称されるほど、早稲田実業が世間の耳目を一身に集めた大会である。

その人気と注目度は、優勝した横浜高校を、遥かに凌駕《りようが》していた。マウンドを守るのは、まだ一六歳三ヵ月の一年生投手、荒木大輔。涼しげな荒木の顔立ちと優しい目は、全国の女性ファンをたちまち虜《とりこ》にしてしまった。

それは、三年前の大会で準優勝した東邦高校の〝バンビ坂本（坂本佳一《けいいち》・法政大学から日本鋼管）フィーバー〟を上回る騒ぎだった。

まだ高校に入学して四ヵ月しか経っていない荒木少年が、強豪校を快刀乱麻のピッチングで撫《な》で斬《ぎ》る姿は、試合を重ねるにつれ、注目を集めていった。早稲田実業の宿舎となった清翠荘《せいすいそう》のまわりには、女性ファンが日に日に増えていった。

東邦の坂本が打てそうで打てないドロンとしたカーブと、速くはないが、捉《とら》えどころのないストレートが武器だったのに比べ、荒木は、スピード豊かなストレートとブレーキ鋭いカーブ、そして右打者の内角に食い込んでくるシュートボールを駆使し、甲子園大会が始まって実に四四イニング無失点を続けるという圧倒的な実力を発揮した。

今は西武ライオンズの一軍ピッチングコーチを務める荒木大輔（四二）は、

「当時の僕の球種は、ストレートとカーブ、あとはナチュラルなシュート、これだけです。スライダーもありませんでしたよ」

と、回想する。右打者のインサイドを狙うと、自然にボールがシュート回転し、内角に食い込んでいったのだという。

しかし、この怪物一年生の球は、打者の力みを呼び起こし、ますます冴《さ》えわたった。

スピードも、一四〇キロをゆうに超えていたに違いない。

だが、その荒木も、予選が始まるまで、まさか自分が名門早実のマウンドを任されるなどとは、想像もしていなかった。

代役が「主役」に

この時の早実のエースピッチャーは二年の芳賀誠《はがまこと》である。

荒木がマウンドを任されたのは、板橋のシニア時代から豪球投手として知られ、鳴り物入りで早実に入ってきたこのエースの負傷が理由だった。

「僕は調布シニアだったんですが、板橋の芳賀さんのピッチングは知っていました。ものすごく速い球を持っていて、とても僕が〝勝てる〟ようなピッチャーではなかったですね」

と、荒木はいう。入学後、サードとピッチャー、両方のポジションで練習を重ねていた荒木は、それでもたびたび、練習試合に登板させてもらい、将来のエースとしての道を確実に歩んでいた。

しかし、活躍の舞台は、予想もしない突然の形でやってくる。

エースの芳賀が、予選の東東京大会が始まる直前、足を負傷してしまったのである。

その日、芳賀は大会に備えて、バント練習に精を出していた。

左ピッチャーのカーブを想定して、カーブマシーンから繰り出される球にバットを合わせ、コツンと転がす練習を繰り返していた。

その何球目だったか。ボールが芳賀の右足ふくらはぎを直撃したのだ。

「痛っ！」

大声とともにうずくまる芳賀に部員たちが駆け寄った。

足は、みるみる腫れ上がっていった。骨折こそしなかったものの、それがしばらくマウンドに立てるようなものでないことは誰にもわかった。

ピンチである。

急遽《きゅうきょ》、背番号一六の一年生・荒木大輔に名門校のマウンドを守る役割がまわってきたのだ。荒木が述懐《じゅつかい》する。

「ヤバいなんてもんじゃありません。絶対的なエースだった芳賀さんの代わりに僕が投げるといったって、当時、東東京は、春のセンバツで準優勝していた伊東昭光《あきみつ》投手（現ヤクルトコーチ）のいる帝京をはじめ、二松学舎《にしょうがくしゃ》、岩倉といった有力校がひしめいていました。芳賀さんが投げられないまま勝ち抜くことなど、とてもできるわけがない、と思いました」

だが、その無欲さが、逆にチームから力みや硬さをなくしたのだろう。

早実は、準々決勝から岩倉、帝京、二松学舎という、強豪校をすべてなぎ倒して、見事、甲子園行きを決めるのである。

調布シニア時代から一年上で、ずっと荒木を知っている小山がいう。

「荒木は岩倉を完封して自信をつけ、準決勝では、帝京の伊東昭光投手にも投げ勝つんです。決勝ではエラー絡みで点を失ったものの完投し、甲子園出場を決めた。練習試合でもあまりフルイニングを投げていなかったのに、荒木の成長ぶりには目を見張りました」

甲子園入りしても、荒木の勢いは衰えなかった。

予選の背番号一六から一一に〝昇格〟した荒木は、その分だけ自信も増していた。

しかし、甲子園で、クジ運には恵まれなかった。

初戦の相手が、いきなり優勝候補の一角、大阪代表の北陽高校だったのである。

「ああ、これで終わる、と思いました」

と、荒木はいう。しかし、いざプレーボールが告げられるや、早稲田実業は気迫でこの強豪を圧倒し、六対〇で一蹴するという番狂わせを演じる。

そして、二回戦の東宇治高校戦。

この試合も勢いに乗っていた早稲田実業打線が爆発、一年生ながらマウンドを死守する荒木も、快速球とシュートボール、そしてブレーキのあるカーブで東宇治打線を翻弄《ほんろう》。九回表を終わって九対〇の大差をつけ、東宇治高校最後の攻撃を迎えた。

この時、結果的に荒木の決勝戦のピッチングに微妙な影響を与えることになる出来事があった。監督の和田明が、ようやくピッチングを再開していた本来のエース・芳賀誠を九回一死から登板させたのである。

予選直前のバント練習で起こった打撲事故。それ以来、投球のできなくなっていた芳賀に、やっと檜舞台・甲子園でのピッチングのチャンスが巡ってきたのだ。

荒木は、信頼する先輩・芳賀にマウンドを譲ってレフトの守備位置についた。

小学校の時からピッチャーと内野手を兼任していた荒木にとって、外野という守備位置は初体験だった。シートノックさえ受けたことがないポジションである。

その初体験の荒木は、すぐに信じられない光景を目撃する。二死ランナーなしから、芳賀は、東宇治高校の四番崎本正二に強烈な当たりを食らうのである。

「うわっ」

慣れないレフトのポジションにポツンとつっ立っていた荒木の頭上を、その飛球は軽々と越え、そのままスタンド入りした。

ホームランである。

「芳賀さんが打たれた……」

荒木には信じられなかった。

本来なら打たれるはずのない実力派エース。しかし、そのエースが本調子ではなく、まだまだ怪我を克服できていないことを、荒木はその瞬間に悟った。

「自分がやるしかない」

荒木は、そんな思いに捕らわれていた。しかし、芳賀にマウンドを譲ったこの九回裏の三分の二イニングは、荒木の心理に少なからぬ影響を与えることになる。

以後、南北海道代表の札幌商業、沖縄代表の興南《こうなん》高校、滋賀代表の瀬田《せた》工業を撃破し、一年生ピッチャーを擁した早稲田実業は、あれよあれよという間に決勝進出を果たす。

しかも、荒木はそのすべてを完封。甲子園入りしてから、実に四四イニング三分の一、連続無失点をつづけるのである。まさに、怪物一年生だった。

一戦ごとに激しくなる荒木フィーバーに、マスコミの報道も過熱した。

早実の宿舎・清翠荘の前に集まる女性ファンの姿がテレビ画面を通じて全国に紹介されるようになる。

黄色い声援が、散歩する荒木の背中にいつもつきまとった。

それとともにマスコミが注目したのは、荒木が成し遂げようとしている「記録」だった。

甲子園の連続無失点記録は、かつて、伝説の左腕・海草中学の嶋清一と、戦後初の二年連続優勝を成し遂げた小倉高校の福島一雄の二人だけが持っている「四五イニング」だった。

荒木は、横浜高校との決勝戦を控え、準決勝が終わった時点で、その大記録に「あと三分の二イニング」に迫ったのである。

甲子園史上に名を残す大投手、嶋清一と福島一雄に一年生にして肩を並べ、それを抜き去ろうというのだ。

マスコミがこれにフィーバーしないはずはなかった。

報道でも、そしてインタビューでも、この記録が事あるごとに触れられるようになる。

まだ一年生の荒木は、その記録になんのこだわりもなく、また意識することもなかった。だが、記者たちから繰り返される質問に、いやが上にも意識せざるを得なくなってきたのである。

そして、その大記録に並ぶのは、決勝戦の「初回」だった。そう、あの東宇治高校戦の九回のマウンド。わずか三分の二イニング、マウンドを譲ったことから、その大記録到達が、緊張感が頂点に達する「決勝戦の初回」に持ち越されることになったのだ。

「意識はしてなかったつもりですが、知らず知らずに力んでいたのかもしれません」

今はピッチングコーチとして、プロの選手たちに技術面はもちろん、心理的なアドバイスも欠かさない荒木は、しみじみと当時をそう振り返る。

決勝の相手は、大会屈指の本格派左腕・愛甲猛《あいこうたけし》を擁する横浜高校である。

この大会の優勝候補は、春夏連覇を目指していた〝球道クン〟こと中西清起《きよおき》投手（のち阪神）の高知商業と横浜高校だった。

高知商業が早々と二回戦で姿を消したのに対して、横浜は、俊足強打の安西健二をトップバッターに据え、愛甲、片平保彦《やすひこ》、牧田圭一郎と続くクリーンアップが破壊力を見せつけた。

鳴門《なると》高校、箕島《みのしま》高校、天理高校という強豪に苦戦を余儀なくされたものの、大会前の下馬評通り、決勝進出を果たしたのである。

この優勝候補に、一年生投手の早実がどう食い下がるか、ファンの関心はいやが上にも高まった。

一回表、早実は、トップバッターの荒木達夫と二番高橋公一が連続ヒット、送りバントでつかんだ一死二、三塁のチャンスに四番、小山を迎える。

この時、小山がベンチを見ると、和田が、何気なく左手で帽子を触った。

スクイズのサインだった。

和田のサインは、いつも絶妙だ。選手たちは、それまで和田がスクイズを命じて「外された」という記憶がほとんどない。

めったにスクイズはしないが、和田は、やる時は絶対的な自信を持っていた。そして練習試合を含め、相手のスクイズを外すことにかけても独特の嗅覚《きゆうかく》を持っていたのが和田だった。

ここでスクイズ——か。

だが、さすがに決勝戦、しかも初回である。和田の意表を衝《つ》くサインに、小山はこれまでにない動悸の高鳴りを感じた。

「あれほど緊張したことはありません」

小山はそのシーンをこう回想する。

「和田監督からスクイズのサインが出て、よし、と思いました。でも、その気持ちとは裏腹に、生まれて初めて足が震えてきたんです。いま思えば、あれが決勝戦の独特の雰囲気だったのだと思います」

小山はその緊張感の中で、しっかりとスクイズバントをピッチャー前に転がし、豪腕愛甲から先取点をもぎとったのである。

だが、この一点が、逆に荒木に緊張感をもたらした。

それまでの試合で、ケレン味のない怖いもの知らずのピッチングを披露していた荒木が、どこか様子が違うのである。

最も警戒していたトップバッターの安西を一塁のファウルフライで打ち取って一死。場内は、大記録にいよいよ王手をかけたことで、ざわざわとどよめく。

伝説の大投手・嶋、福島以来の大記録――歴史に残るシーンに立ち会える喜びは、観客とて同じである。

この時、無欲の荒木にもそのざわめきが伝わったのだろうか。

その直後、荒木は二番の足立に足元を抜かれるセンター前ヒットを許した。

一アウト一塁。ここで強打者、愛甲である。

「荒木、落ち着け」

「自分のピッチングをすればいいぞぉ」

「ミットだけめがけて投げ込め！」

早実ＯＢたちの声も、観客のざわめきと拍手にかき消され、荒木の耳になかなか届かない。

大きな構えで、荒木を威嚇《いかく》するかのようにバッターボックスに立つ三年の愛甲。横浜高校という名門を背負って立つ愛甲は、まだ中学を卒業して半年も経っていない選手に負けるわけにはいかなかった。

気迫と気力をこめて荒木を見つめる愛甲の目には、上級生としての意地ともいえる執念の色が満ちていた。

そして愛甲は、強烈なセンター前ヒットを放った。その当たりは烈《はげ》しく、一瞬、荒木の顔面を直撃するかと思われたほどだった。

一死一、三塁。動揺した荒木は、魅入られたように四番片平にも好球を配してしまう。

ガツッ。

鈍い音を残した片平の打球は、セカンドの横を抜けてセンター前へ。サードランナーの足立は、それを見届けるかのように本塁を駆け抜けた。

腰に手をあて、苦笑いする荒木。それは、甲子園入りして荒木が対戦した一六〇人目の打者だった。初めて許した失点——それは、無失点記録が、四四イニング三分の二で止まったことを示していた。

信じられないミス

だが、それからのミスは、自分たちでも信じられないことの連続だった。

「甲子園には魔物が棲《す》んでいる」

甲子園を体験した多くの球児が、そのことを実感してきた。しかし、さらにいうなら、決勝戦だけに棲む「魔物」もいるのかもしれない。

この時の早実のメンバーは調布リトル、そして調布シニアから鍛えに鍛えられたメンバーが中心になっていた。サードの栗林友一、ショートの荒木達夫、ファーストの小山、センターの住吉秀実、ライトの高橋公一、ピッチャーの荒木大輔……。

ことに鉄壁を誇った三遊間は、小山の表現を借りると、「上手の手から水が漏れることのない人たち」だった。

それだけエラーやミスとは無縁な、野球の申し子たちの集団だったのだ。

だが、その「上手の手」から、水は次々と漏れていった。それが、決勝戦の重圧というものだったのかもしれない。

荒木の無失点記録が途切れた時、一塁ランナーの愛甲は、片平のセンター前ヒットで、一挙に三塁を狙っていた。早実のセンター、住吉はすかさず中継のショート荒木達夫へ。荒木は三塁へ送球する。

しかし、ボールがランナーの愛甲の身体に当たり、三塁はセーフ。タイミングは完全にアウトだっただけに、このプレーが、守備陣へ微妙な心理的影響を残した。

ミスはつづく。

一死一、三塁から次打者、牧田はスクイズを敢行。一―二からの内角低めのストレートである。だが、荒木大輔の球は、予想以上に手元で伸びていた。

空振り！

スクイズ失敗だ。

三塁ランナーの愛甲は、三本間《さんぼんかん》に挟まれる。ピッチャーだけに愛甲は、お世辞にも走塁が素早いとはいいがたい。横浜にとっては万事休す、である。

だが、観客は、次の瞬間、「あっ」という声をあげた。

キャッチャーの佐藤孝治が愛甲を追って三塁へ追い詰めたものの、サードへ投げたボールが、愛甲のヘルメットにあたってしまったのだ。

アウトになるはずのランナー愛甲が「二度もセーフ」に――。

「球運が完全に横浜についている。このまま流れが向こうにいくのはまずい」

早実内野陣も、必死に声をふりしぼる野球部OBも、もちろんベンチの和田監督も、同じ思いだった。この挟殺プレーは、二アウト一塁となって、荒木大輔が落ち着きを取り戻すべき絶好の機会だった。だが、このミスによって、一アウト一、三塁という重圧がそのままつづいたのである。

荒木は、ここで牧田を渾身のピッチングでセカンドゴロに打ち取って愛甲を本塁で刺し、二アウトにこぎつける。その間、片平は三塁へ。

次打者は、六番吉岡浩幸。ここで荒木は、一ストライクノーボールから二球目のモーションに入ろうとした時、なんとボールを持った右手が腰にあたって、ポロリとマウンドに落としてしまうのである。

「ボーク!」

観客がどよめく中、球審・永野元玄《もとはる》の声が甲子園に響いた。

三塁ランナーの片平は、手をたたきながら、二点目のホームベースを踏む。

二対一、逆転である。荒木が述懐する。

「えっ、なんで? と思いました。モーションに入る前だったのに、なぜボークなんだろう、と。でも、僕はその時、プレートを踏んでいたんですね。いま思えば、勉強不足でした。

知らず知らずに力が入っていたんで、あんなところでボールを落としてしまったんです。でも、なぜボークなんだ、と思い、そっちのほうで動揺していましたね」

そのあとの吉岡にはフォアボール、鳥飼にはデッドボールを許し、表面上は落ち着き払っているように見えた荒木も、やはり内面の動揺は隠せなかったのである。

早実のリズムは、なかなか戻らなかった。

二回の横浜の攻撃でも、一アウトから一番安西がセンター前ヒット。二番足立が、三塁前に送りバントをすると、サードの栗林友二が、一塁へ悪送球。ボールがフェンスまで転々とする間に、安西は一挙にホームインする。

さらには三回にも、横浜の七番鳥飼照明、八番沼沢尚の連続ヒットで摑《つか》んだ一アウト一、三塁から、ラストバッターの宍倉一昭が放った平凡なショートゴロを名手・荒木達夫がホームへ高投して、四点目を献上。つづく足立がライト前ヒットを放ってさらに一点を追加。横浜は、試合を有利に進めるに十分な五点を、序盤で獲得するのである。

結局、荒木はこの回で降板している。

小山がいう。

「何かが違ってました。絶対にミスをしないサードの栗林さんや、ショートの荒木（達）さんまで、いつもの動きとは違っていたんです。

私は大輔を小学三年生の時から知っています。調布リトル時代からの仲間ですからね。決勝戦でも、表情とか特に変わったことはなかったし、緊張しているようにも見えなかったですよ。何度もマウンドの大輔に声を掛けにいきましたが、その都度、大輔はうなずいていた。それでも、やっぱりいつもの力は出せなかった。あれが甲子園の決勝戦というものなんでしょう……」

決勝戦に棲む〝魔物〟が、早稲田実業の全国制覇を許さなかったのだろうか。

試合は、その後、早実が猛追した。五回までに愛甲に九安打を浴びせてノックアウト。早実の二番手・芳賀誠、横浜の二番手・川戸の投げ合いになる。

早実が四対五と一点差まで追い詰めた六回裏、横浜は一アウト二塁から、愛甲がファースト小山の頭を大きく越えるイレギュラーヒットを放ち、六点目を挙げ、結局、そのまま六対四で押し切って初優勝を遂げるのである。

荒木は、横浜の打線をこう評した。

「とにかく横浜打線は、ミスショットがありませんでした。打ち損じがない。おそらくそういう練習と教育をやってきたんだと思いました。普通のチームとは全然違ってました」

新聞は、〈重圧に屈した早実〉と、報じた。全国制覇を果たせなかったことを、荒木はこう表現する。

「あと少しのところで優勝できない。それが自分たち、それが早実なんだ、と思っていました。だからこそ、今回後輩たちの成し遂げたことが凄いと思います」

凄まじい「大ちゃんフィーバー」

荒木のいる内に、なにがなんでも選手権制覇を――。

野球部関係者の期待は、この準優勝でますます大きくなった。しかし、一方で、異常な荒木フイーバーに学校関係者は頭を悩ますことになる。

甘いマスクに、抜群の実力。「大ちゃん人気」は、多くの追っかけファンを生む大フィーバーとなる。

荒木の一年下に同じ調布シニアから入学してきた上福元勤《かみふくもとつとむ》（四〇）は、入学早々、荒木フィーバーの凄さに目を剥《む》くことになる。

「武蔵関のグラウンドには、いつも荒木さんの追っかけの女の子が来ていましたね。平日では、三〇人から四〇人ぐらいでしょうか。これが土、日ともなると、一〇〇人から二〇〇人は集まっていました。

外野の金網や土手、あるいはバックネット裏の塀なんかにも乗っかって見てましたよ。追っかけにも〝ベテラン組〟と〝地方組〟とかがありましてね。地方組とか新参組は、〝キャー〟とか〝大ちゃーん！〟なんて叫んでいますが、ベテランになると、荒木さんの帰り道まで知ってましたから、どうやって待ち伏せするか、まで考えて行動していました。

荒木さんは練習が終わると吉祥寺に向かうバスに乗るんですが、合宿所を出て右へ行き、最初の交差点のところにたばこ屋があって、そこのバス停から乗るんです。ベテランの追っかけたちは、ちゃんとそこを押さえていて、待ち伏せしているんです。

荒木さんは嫌がってましたけど、乗る時に手紙とかプレゼントとか渡す子もいたようです。一緒にバスに乗り込んでくるんです。荒木さんは話しかけられても、あまり答えないようにしてましたね」

荒木は、電車に乗る時も、いつも同級生にまわりを固めてもらっていた。早稲田実業の文化祭に荒木が出ると女子高生が殺到して混乱することが懸念され、野球部は文化祭に出席することも叶《かな》わなかった。

一年生から甲子園で活躍したばかりに、荒木は、その後の高校生活を不自由な思いで過ごさなければならなかった。

その不自由さは、甲子園大会中は一層ひどくなった。宿舎のまわりには、いつも追っかけの女の子たちが溢《あふ》れ、荒木は散歩に出ることもままならなかった。そのため、荒木は宿舎に閉じこもり、気晴らしもできないまま、過酷な環境でコンディションを整えなければならなかったのである。上福元によれば、

「宿舎のすぐ近くにある公園に、素振りをしにいくんですが、これにも女の子たちがゾロゾロついてくる。騒ぎになるんで、荒木さんだけは来られなかった。だから気分転換なんか全然できなくて、いつも部屋に籠《こも》っていました。

甲子園でも荒木さんが出てくるのをファンが待ってるわけです。だから、僕たちはダミーの高野連のバスが正面玄関から出ていったあとで、甲子園を出発したりしていましたね。

ある時、その日の最終試合をやったことがあって、混乱を避けるために球場内から人がすべて出たあと、レフト側の通路に止めてあるバスに乗って出たことがあります。

警備員の人が〝五、四、三、二、一、ハイッ〟って言ったら、突然、ゲートが開いて、目の前の道路の信号がバッ、バッ、バッ、と、一斉に青になったんです。その中を僕たちが乗っているバスが、スピードを出して走り抜けていきました。あれには、びっくりしました」

異常なフィーバーは、常に荒木についてまわった。

荒木は、グラウンドで敵と戦う以外に、もう一つの敵と戦わねばならなかったのだ。

結局、荒木は、二年の夏も、そして最後となった三年の夏も、ついに全国優勝を果たすことはできなかった。

二年の夏は、優勝した報徳学園に三回戦で四対五でサヨナラ負け。最後の三年の夏は、これまた優勝した池田高校と準々決勝で〝事実上の決勝戦〟を戦い、一四対二で敗れている。

この池田との試合では、疲労の極にあった荒木大輔は、猛打・池田につるべ打ちされ、七回で降板している。池田の迫力は、やはり凄かった、と上福元がいう。

「一回に僕がボテボテのサードゴロを一塁に高投してしまい、ランナーを出したんです。そのあと出てきた三番の江上光治が、ヒザ元の難しいカーブをアッという間にホームランにしてしまった。ライトの有賀（美典）さんがフェンスにつかまって見送ったんです。あれで、こりゃダメだ、あの球を打たれたらもうダメだ、となってしまったんです。

とにかく池田は、身体つきが違ってました。池田の野球は都会的なスマートな野球とは無縁ですが、筋トレでケツなんかパンパンで、まるで迫力が違ってた。三遊間のヒットなんて、打球が速くて、僕が飛びつく前にレフトに抜けてましたね。

和田監督は全国制覇しようと思っていたと思います。でも、荒木さんは限界でした。宿舎でブドウ糖の点滴を射ちながら戦ったんですから。荒木さんは、リトルの時から投げつづけて、ほとんどシニアの頃は打たれていない。しかし、ヒジはもう爆発寸前だったんです」

こうして早稲田実業は、荒木大輔という好投手を擁しながら、ついに三年間で全国制覇を遂げることはできなかった。

そして、その後、早稲田実業はふたたび冬の時代に突入し、昭和六三年のセンバツに一度だけ出場は果たすものの、一回戦で敗れ、和田の死とともに和泉監督の時代へと引き継がれていくのである。

第九章
咆哮

斎藤佑樹の熱投。
平成18年8月20日、
全国高等学校野球選手権大会決勝、
対駒大苫小牧戦。

北の強豪を襲った異変

北の強豪は、苦しんでいた。

七三年ぶりの甲子園三連覇——平成一六年、横浜や済美《さいび》といった強豪校をなぎ倒して、北海道勢として初めて深紅の大優勝旗を北の大地に持ち帰った駒大苫小牧は、翌年にも圧倒的な強さを発揮して、二連覇を成し遂げていた。

その偉業の中心選手だった田中将大投手や本間篤史選手を擁し、絶対的な優勝候補として甲子園へ乗り込んでいた。

しかし、そこまでの道のりは決して平坦ではなかった。いや、それは、筆舌に尽くしがたいほど過酷な道程だったといったほうが正確かもしれない。

栄光の駒大苫小牧を襲った二度の不祥事。それは、二連覇達成直後に発覚した野球部長による部員への暴力事件であり、二度目は、春の選抜甲子園大会直前に起こった卒業式夜の卒業生による酒盛り事件である。

二度の不祥事は、やっと三〇代半ばにさしかかったばかりの香田誉士史監督の身体と精神を容赦なく痛めつけた。

すでに二連覇直後の北海道の秋季大会の途中で、香田の肉体は悲鳴をあげていた。ベンチで采配をとる香田が肺の痛みと吐き気で、ユニフォームのまま病院に向かったのは、平成一七年の秋季地区大会決勝戦の夜である。

病名は肺炎。即、入院だった。そして、同時に胃潰瘍《かいよう》であることも判明した。極限の緊張感と不祥事に対する精神的負担やストレスが原因だったことは、間違いない。

そして翌年三月、卒業式の夜の卒業部員による飲酒事件で、選抜大会への出場辞退を余儀なくされた駒大苫小牧。この不祥事の責任を取って、香田はいったん監督を辞任する。

自分の指導力不足に悩み、落ち込み、目標さえ失った香田が、周囲の熱望により監督に復帰するのは、五月一日のことだ。

この時、選手たちを選抜大会に出させてやることができなかった香田の中には、「三連覇を果たす」などという大それた思いは微塵《みじん》もなかったという。ただ、「春に出させてやれなかったこいつらに、なんとしても甲子園を」という思いが、例年以上に香田の甲子園出場への熱意と執念を呼び起こしていた。

しかし、その責任感と義務感は、さらに香田の内臓を蝕《むしば》んでいく。ベンチの中で、どうしようもない痛みでうずくまる香田の姿が見られるようになった。

「部長、薬をもらってきて……」

七月二一日、南北海道大会準々決勝の対北海道栄《さかえ》戦。ついに香田は、真っ青になった顔色を選手に気づかれないように、部長に大会本部に行ってもらった。

だが、本部に置いてある市販の薬では、ボロボロになった香田の胃腸の痛みを和《やわ》らげることはできなかった。

ただれた胃腸の内壁を庇《かば》うようにうずくまる香田。二連覇を遂げた過去の大会とは違う指揮官の姿に、チームの誰もが一抹の不安を感じるようになっていた。

それでも駒大苫小牧の実力と甲子園に賭《か》ける執念は、他校を圧していた。

この北海道栄戦も七対〇、八回コールドゲームで下した駒大苫小牧は、準決勝で北照《ほくしょう》高校を三対〇で破り、七月二五日、ついに札幌円山《まるやま》球場で札幌光星《こうせい》高校との南北海道大会決勝戦に臨んだのである。

大黒柱の田中将大は、それまでわずか一イニングを除き、予選を一人で投げ抜いていた。恵まれた身体《からだ》から繰り出す豪速球と一四〇キロ近い高速スライダーは、調子がよければ、とても高校生が攻略できるようなものではない。

二連覇のかかった平成一七年夏の甲子園決勝・京都外大西戦で見せたマウンド度胸と、最後の打者を三振に打ち取った時に記録した球速一五〇キロのボールは、プロのスカウトたちを唸《うな》らせるものだった。

しかし、田中は、絶好調だった昨年に比べ、どうしても本来の身体のキレが取り戻せないままだった。

札幌光星高校は、その田中の不調につけ込み、得点圏に七度も走者を送る。しかし、ピンチに動じない田中の精神力と集中力は、「あと一本」を許さない。

後続の打者は、雄叫びをあげながら投げ込む田中の前に、屈した。

六番の鷲谷修也の二本のホームランと二番三木悠也《みきゆうや》のホームランを含む一八安打を光星のエース柳原明人に浴びせ、七回を除いて毎回得点、一一対一という圧勝で甲子園出場を勝ち取ったのだ。

爆発力抜群のひぐま打線に、高校通算三四〇を超える奪三振数を誇る田中将大。あの横浜高校の松坂大輔投手（現西武ライオンズ）をも上回るハイペースで奪三振記録をつくりつづける田中を擁する駒大苫小牧は、どの出場校も恐れる、ナンバー・ワンの優勝候補だった。

香田は、三連覇に希望をつないだことより、甲子園出場が現実のものになったことに心の底から喜びを感じていた。

「こいつらを甲子園へ連れていける」

その喜びは、過去二回の出場とは、違った意味で大きいものだった。

だが、この時、チームには、異変が迫っていた。

高熱と脱水症状

「将大の負担を少しでも軽くしたいと思う。キャプテンを篤史（本間）に代わってもらおうと思うんだが、みんな、どう思うか」

香田がナインにそう問いかけたのは、甲子園出場を決め、大会に備えて苫小牧市の緑ヶ丘球場で直前練習に励んでいた時のことだ。

七三年ぶりの三連覇。注目を浴びる超高校級の豪腕投手。そしてそのチームの主将。田中将大には、いくつもの役割が課せられていた。

「将大の負担を小さくしてやらねば……」

甲子園予選が始まる前から、香田はキャプテンの交代を考えていた。

香田がいう。

「三連覇ということで、チームがマスコミの注目を浴びることはわかっていました。将大は、キャプテンとしてチームの質問にも答えなければならないし、注目されるピッチャーとして、その応対もしなければならない。そしてエースとしての調整も、全部、自分でやらなければならないんです。予選を勝ち抜けるかどうかわからない時点ならともかく、実際に甲子園出場を決めた以上は、いくらかでも将大の負担を小さくしてやりたいと思っていました」

そこには、二連覇を果たした「経験」から来るこんな理由もあった。

「深紅の優勝旗というのは、十何キロあって、とても重いんです。開会式でこれを持って入場行進すれば、しばらくは腕が使い物にならなくなるほどです。もし、万一、開会式直後の試合を組み合わせで引き当てたらどうなるでしょうか。開会式でピッチャーである将大にこれを持たせるのは危険だと思いました」

開会式直後の第一試合をクジで万一引き当てた場合、田中投手が本来の調子を出せなくなる――香田は、そこまで考えていたのである。香田は一人一人の意見を聞いてみた。突然の監督からの提案に、選手たちは全員がキャプテン交代に賛同した。当の田中将大も、

「そうしてもらえると、僕もありがたいです」

と、答えた。全員一致の結論だった。

こうして、北の強豪は、甲子園に乗り込んできた。この時点では、万全の構えだった。

「三連覇目指す優勝候補に死角なし」

マスコミは、駒大苫小牧の甲子園入りをこう報じていた。しかし、細心の注意を払った駒大苫小牧に異変が生じたのは、それから間もなくのことだった。

「将大の具合が悪い。熱が出てます」

「エッ？」

香田は、野球部長からそんな報告を受けた。

自らも胃潰瘍を抱え、体調不良をおしての戦いである。大黒柱の異変に、香田の胸に暗澹《あんたん》たる思いが広がった。

三八度の発熱と下痢だった。組み合わせも終え、開会式のリハーサルを翌日に控えてのことである。

勝負の世界で、敵に弱みを見せることは許されない。一度、弱点をさらけだしたら、徹底的にそこを突かれる。それが勝負の世界の鉄則であり、非情さだ。

「リハーサルに出られません、というわけにはいかない。なぜ田中が来ないのか、ということになりますからね。練習は休ませても、リハーサルには出させることにしました」（香田）

絶対的エース田中将大の体調不良を知れば、敵は田中を「動かす」ためにセーフティバントを多用したり、待球策にでたり、あるいは足で揺さぶってきたり、さまざまな作戦を講じてくるに違いない。

香田は、田中発熱の情報を完全に封殺した。

「今日は田中君はどうしたんですか？」

「なんで彼いないの？」

駒大苫小牧の練習を取材に来た記者たちは、田中の不在を訝《いぶか》った。一様に香田にそう聞いてくるのである。

「マッサージをやらせているもので……」

こともなげに、そう答える香田。しかし、実際には、「いつバレるか」と、内心ハラハラだったのである。

だが、自室でおかゆを食べるチームの大黒柱にナインの不安が高まらないはずがなかった。

田中の代わりにキャプテンになった本間篤史がいう。

「ヤバいなあ、と思いました。日に日に将大の寝る時間が早くなっていくんです。甲子園入りした時は夜一〇時半とか、一一時だったのに、九時には寝てしまう。昼とかご飯が喉を通ってない時もありました。チーム全員でカバーしなければ、と思いました」

幸いに熱は二、三日で下がった。しかし、下痢はなかなか治らなかった。

八月一〇日、大会五日目。

一回戦不戦勝の駒大苫小牧は、二回戦で山口県代表の南陽工業と激突する。南陽工業は、平成五年に脳腫瘍《しゅよう》で死去した、あの広島東洋カープの炎のストッパー・津田恒美《つねみ》（享年三二）を擁して以来の出場だった。早実の現監督・和泉実が、平成四年まで監督を務めていたチームでもある。

この試合、田中は制球に苦しんだ。

なかなかボールが思うところに行かない。普段のキレがどこにも見えない。おまけに、マウンドの上で、喉が渇き、やたらと汗が出るのである。

田中の顔面や首筋を滝のように流れる汗は、テレビ画面を通じてもわかるほどだった。

序盤の三回をなんとか〇点で切り抜けた田中は、四回を迎えるといよいよ制球が定まらなくなる。二死からヒットを許すと、フォアボールを二つ続けて与えるなど、普段の田中を知る人間には、信じがたいピッチングがつづくのである。

四回に一点、五回も一点、七回にも一点……南陽工業のしぶとい打線が、田中に食らいついていた。田中の不調は、もはや誰の目にも明らかだった。

後半の七回、八回は、逆に田中の身体《からだ》から汗が消えていた。脱水症状である。前半、滝のように流れ落ちた汗は、試合中、水分を補給しながら戦ったのに、それでも身体中の水分を出し切っていたのである。

田中からいつもの颯爽《さっそう》とした目は消え、うつろな表情が多くなっていた。

駒大苫小牧のチームドクターのような立場にあった医者の中にはテレビ画面を見て、

「おい、汗が出てないぞ。大丈夫か！」

と叫んだ者もいたほどである。

そのなかで、田中はマウンドを死守した。五対三。南陽工業に七安打を打たれながら、田中は一四奪三振を記録し、このしぶといチームを下すのである。

試合後、田中にはさまざまな質問が飛んだ。

「調子が悪いんじゃないですか」

「三連覇を意識して硬くなっているの？」

「これはプレッシャーかな？」

甲子園の通路での恒例のインタビューで、田中にはそんな質問が次々と飛んだのである。

「勝ったからいいじゃないか。もう解放してやってくれ！」

一刻も早く田中を休ませたい香田はそう叫びたい衝動に駆られていた。

「今日はヤバかった……」

試合後、そんな田中の呟《つぶや》きを聞いたのは、キャプテンの本間だけである。

この時、香田の体調も最悪だった。香田を苦しめてきた胃潰瘍が、夏の暑さと疲労、そしてさまざまなプレッシャーで、ますます悪化していたのだ。

うずくまりたいほどの痛みの中で、香田もまた、格闘していたのである。

その夜、点滴でなんとか体力を回復させた田中は、これから先への漠然たる不安を抱いていた。しかし、チームの大黒柱が弱音を吐くわけにはいかない。

幸い次の青森山田戦までは、中四日の日程のゆとりがあった。

「この四日でなんとか本来の調子を取り戻すしかない」

香田も、そして田中も、さらには新キャプテンの本間も、同じことを考えていた。

八月一五日、東北の強豪・青森山田高校に対して、香田は体調がまだ十分ではない田中を先発させず、岡田雅寛を起用した。

しかし、岡田は二回途中までに、強打の青森山田の前に、四安打二フォアボールを与えて四点を献上。救援した二番手の菊地翔太も一イニングももたず、二点を失っている。

温存するはずの田中が三回で登場した時、スコアは六対一。青森山田が五点をリードするという意外な展開となっていた。

しかし、駒大苫小牧の強さの秘密は、流れを自分のほうに引き寄せるうまさとパワー、そしてチーム一丸となった時の気迫にある。

田中が登板後、一時は六点差まで開いていたスコアを、六回二点、七回一点、八回三点という怒濤《どとう》の攻めで追いすがった。

圧巻は九回だ。八対九の一点差で迎えた九回裏。三連覇の夢もここまでか、と思われる中、三番中沢竜也が起死回生の同点ホームラン、そして六番三谷忠央がランナー一人をおいて、二塁打を放ち、サヨナラ勝ちを収めるのだ。

どんな状況に置かれようと、決して屈することのない気迫と驚異的な粘り——甲子園に詰めかけた大観衆は、なぜ駒大苫小牧が二連覇してきたのか、その強さの根源を目の当たりにするのである。

以後、準々決勝の兵庫・東洋大姫路戦は田中が完投して五対四で下し、準決勝では強豪・智弁和歌山と激突。田中が二回から登板し、一〇奪三振で智弁打線を一点に抑え、七対四でついに決勝進出を果たすのである。

苦しみながらも決勝に進出し、三連覇に王手をかけた駒大苫小牧。それは、指揮官の香田や大黒柱・田中将大の体調、そして覆いかぶさってくる重圧を考え合わせると、まさに奇跡としかいいようのない出来事だった。

「手首が曲がらない」

一方、早稲田実業は、大会初日第二試合に早くも登場。大分県代表の鶴崎工業と対戦した。

「斎藤の予選からの疲れがまだとれておらず、調子そのものはあまりよくなかった」

と、和泉は語るが、実際にはもっと深刻な事態だった。

予選決勝の日大三高戦の後、斎藤の手首には異変が生じていた。なんと、手首が曲がらなくなっていたのである。

実は、斎藤には、連投を支える強い味方がいた。

渋谷に鍼灸院《しんきゅういん》を構える鍼灸師、脇坂美加《わきさかみか》(三〇)である。早実OBの紹介で、斎藤は一年以上も前、高校二年の夏から疲労がたまった時に、この鍼灸院で治療を受けるようになっていた。

激投がつづいた西東京大会でも、斎藤は、脇坂の鍼《はり》の世話になった。脇坂の父・良幸は、近鉄時代の野茂などプロスポーツ選手の鍼治療をおこなった人物で、彼女もその影響で、スポーツ選手の治療を多く手がけていた。

早実OBが連れてきて以来、脇坂は、斎藤のことを「エース」と呼び、折にふれて斎藤の身体のケアを担当した。その脇坂も「手首が曲がらない」状態には、さすがに頭を抱えた。

日大三高戦の二日後、八月一日に治療をしたが、斎藤の痛みは取れなかった。脇坂は鶴崎工業戦を二日後に控えた八月四日に治療のために新幹線に乗り、西宮に向かっている。

再会したエースを診て、脇坂は胸を撫で下ろした。

「手首がだいぶ曲がるようになって、状態はよくなっていた。三日前の治療が効いていたんでしょうね。そして、その日の治療で手首が完全に動くようになったんです」

斎藤は鶴崎工業を被安打わずか三本、一点に抑え、一三対一で快勝する。しかし、奪三振は七個にとどまった。

結果的に、この試合での奪三振の少なさが、斎藤の大記録樹立の妨げになった。斎藤は、その後、ほとんどの試合を二桁奪三振で勝ち上がっていき、最終的には、甲子園史上二位となる七八個もの三振を奪っている。

　史上一位は、昭和三三年に徳島商業の板東英二《ばんどうえいじ》がつくった「八三個」である。怪腕・板東のこの記録には、その後、七〇個台の三振を奪った人間すらおらず、「バッティングマシーン」の普及など、打撃技術が向上した現代では、もはや塗り替えるのは不可能」とまでいわれる、燦然《さんぜん》と輝く大記録である。

　だが、斎藤はこの試合以後、一四〇キロ台の伸びのあるストレートと、内外角に投げ分けるコントロール、そしてキレ味鋭いスライダーとフォークボールを駆使して、三振の山を築いていく。大会が終わった時に、板東のこの大記録にあと五つに迫る七八個の奪三振を記録していたのだから、異変直後の鶴崎工業戦が、なんとも悔やまれたのである。

　そして、斎藤は、徐々に本来の調子を取り戻し、大会第七日第四試合で、この大会の華とも言える対大阪桐蔭戦を迎えるのである。

　二年生の四番・中田翔《なかたしょう》は、早くから「清原（和博）を超える怪物」と注目を集めるスラッガーである。一八三センチ、八八キロの恵まれた身体から弾き出すホームランは、すでにこの段階で、高校通算六二本を数えていた。通算本塁打の数が、二年生にして星稜高校の松井秀喜《ひでき》（現ニューヨーク・ヤンキース）を超えるという逸材である。

　一回戦では、春夏連覇を目指す強豪・横浜高校との大一番で、八回にセンターバックスクリーン横にだめ押しの特大ホームランを放ち、全国の野球ファンを驚かせていた。

　それは、早稲田実業が上位進出を果たすためには、避けて通ることのできない難敵だった。

　しかし、これまで数々の強打者との対決を経てきた斎藤は、

「二年生に負けるわけにはいかない。中田は完全に抑えるつもりだった」

という。非情な野球の鬼となった斎藤が、下級生の軍門に降《くだ》るわけにはいかなかった。そんなことになれば、これまで数々の勝負の中でわたりあってきた強打者たちに申し訳ない。

「絶対に打たせない」

という斎藤の強い決意は、この大会屈指の好試合を見ようと甲子園を埋めつくした五万人の観客が目の当たりにする。

斎藤は、中田の内角を徹底して突いた。

キャッチャーの白川は、中田の弱点を内角高めと見ていた。

「僕は、バッターの足の位置、グリップの高さ、ヒジの位置、バットの角度など、いくつかのポイントを見て、斎藤にサインを出します。だいたい、それを見れば、バッターの力がどの程度かわかるんです。

中田は、グリップが高く、ヒジを上げていて、その上、バットを長く持っていたので、インコース高めは打てないと思いました。斎藤の真っすぐはスピードが一四〇キロ以上出ているので、ヒジを畳んでスイングに入るまでのスピードを考えると斎藤のインコース高めは打てないと思ったんです」

少なくともバットに当てたとしても、それはファウルになる。そう踏んだバッテリーは、内角をズバリと突く攻めを基本に、ピッチングを組み立てていった。

斎藤対中田。

この注目の戦いは、斎藤に軍配が上がった。四打数ノーヒット、三つの三振。初回の打席で、二―二からの六球目、斎藤は中田の顔面すれすれに一四六キロの豪速球を投げ込んでいる。

　この時、顔をそむけるように空振りした中田は、バランスを崩してうしろによろめいている。斎藤は表情をぴくりとも動かさない。真っ向から勝負してくる斎藤のスピードボールは、その後も徹底的に中田のインコース、それも高めを突いた。

　その斎藤の気迫の投球に、中田は歯が立たなかった。

　主砲が抑え込まれた大阪桐蔭は、ペースに乗ることができなかった。繰り出す投手陣も早実打線の厳しく追っつけてくる打法に毎回のように長打を許した。

　横浜戦では大爆発した打線も、斎藤の強気のピッチングに完全に沈黙。大阪の強豪チームの優勝を久しぶりに夢見た関西の熱心な野球ファンは、試合が一一対二という大差で決着がついた時、ただ溜息を漏らすしかなかったのである。

　和泉は、この時から斎藤への注目度が格段に上がったと見ている。

「斎藤ってこんなによかったのか、と初めて気づいたのだと思います。ハンカチで顔を拭《ふ》いていたのも、前からやっていたのに、この時に、みんなが気がついたんでしょう。

　関西のファンは、中田君が斎藤を打ち崩す場面を見に来ていたと思います。かつて、優勝候補同士のＰＬ学園の清原と高知商業の中山（裕章《ひろあき》）が対決した時、清原は中山から特大のホームランを打っている。そういう場面を想像していたのだと思います。

　マスコミでは、清原と中田はすでに同格でした。でも、えーっ、斎藤ってこんなに凄かったの？　ってなったんだと思いますよ。大阪桐蔭戦の前と後では、見方が変わったんです。というより、初めて斎藤をしっかりと見てくれるようになったんじゃないでしょうか」

斎藤の投げるボールばかりか、その仕草まで注目を浴びるようになったのは、まさにこの大阪桐蔭戦以後のことである。

いつしか斎藤には、「ハンカチ王子」という愛称がつき、一試合ごとに人気が高まっていった。

その後、三回戦で福井商業を七対一で一蹴したが、準々決勝では、山形県勢として初のベスト八進出を果たした日大山形に苦戦。二対一とリードされていた八回裏に代打の切り札・神田のライト前ヒットを足掛かりに一挙四点を挙げて逆転、五対二でこれを下す。

準決勝では、主将で四番キャッチャーの鮫島哲新《さめしまてつしん》を中心にした粘りのチーム鹿児島工業と激突。気合いとユーモアで甲子園の人気者になった代打・今吉晃一《いまよしこういち》との対決も、三振で切ってとり、五対〇で完勝する。

昭和五五年以来、二六年ぶりの早実の決勝進出。それは故和田監督が率いた、あの荒木大輔以来の優勝戦の舞台だった。

第一回大会から参加し、出場回数が二七回を数える古豪・早稲田実業の初優勝がかかる大一番が、始まろうとしていた。

「因縁」を知っていた斎藤

決勝戦前夜、斎藤は、和泉がＯＢの誰かと電話で話している内容を、ふと小耳に挟んだ。

「そもそも三連覇のスタートが早稲田実業だったんですよ。ええ、中京商業です。今回もうちですからね……」

斎藤の耳にそんな和泉の声が届いてきた。

三連覇？　中京？

斎藤は、それらの単語を聞いた時、

「ああ、これは運命だ。優勝できる」

と、即座に思ったという。マスコミは、駒大苫小牧が王手をかけた中京商業以来の「甲子園三連覇」という不滅の大記録について盛んに報道していた。

実に七三年ぶりという気の遠くなるような年月の末に、北の強豪・駒大苫小牧が、それに並ぼうとしているのである。

斎藤にとって、駒大の三連覇阻止は、大会が始まる前からの最大の目標だった。この強豪は、苦しみながらも、南北海道の室蘭《むろらん》地区の予選から始まり、すべてのチームの挑戦を退けてきた。三連覇を阻止してやる、という対戦校の中には、捨て身の攻撃や意表をつく戦略を駆使してくるチームもあった。しかし、ことごとくこれらをなぎ倒し、ついに駒大苫小牧は、全国四一一二校の頂点を決める場に進出してきたのである。

「たまたま監督が話しているのを盗み聞きしたというか、小耳に挟んだんですよ。だから、僕は、早稲田実業と三連覇の因縁は、決勝戦の前に知っていたんです」

と、斎藤。しかし、これで〝優勝できる〟と思うところが、斎藤独特の考え方である。

「だってそんな因縁があるなら、これは勝てる、と思うじゃないですか。僕が運命論者？　そうかもしれません。その時のエースが今も生きておられるとか、そのスコアがどうだったかとか、そういうことは知りませんでしたが、これは勝てる、優勝できる、と思いました」

三連覇をスタートさせた学校が、それ以来の三連覇となる試合に、最後に立ちはだかる。その運命に斎藤は、偶然とか、巡り合わせ以上の「何か」を感じたのである。

試合は熾烈《しれつ》な展開となった。先発の斎藤と、三回から先発の菊地を救援してマウンドに上がった田中が、異様な熱気の中、お互い一歩も引かない投球をつづけた。

野球の神様は、どちらの味方をしていたか。

その点でいけば、明らかに早稲田実業に与《くみ》していたように思えてならない。

斎藤―白川のバッテリーは、期せずして同じ場面を振り返った。

一回表、斎藤は、先頭の三谷にライト前ヒットを許して、バントで送られ、いきなりのピンチを招いている。三番中沢を三振に切ってとり、二死までこぎつけるのだが、ここで迎えたのが、四番キャプテンの本間篤史である。

一塁が空いているだけに敬遠する手もあるが、駒大打線は、五番に鷲谷、六番にも田中将大が控えている。突如として怒濤《どとう》の攻めを繰り出してくるこの強力打線に、初回からランナーを溜めることが得策とは思えなかった。

ベンチの和泉も、そして斎藤―白川のバッテリーも、本間との「勝負」を選択した。

九ヵ月前、斎藤のストレートを神宮球場のレフトスタンドに叩き込んだ本間は、自信を持って打席に臨んでいた。

「初球から行く」

四番本間には、ストライクは絶対に見逃さない、というバッターとしての強い気持ちがある。

勝負に強いバッターに不可欠の要素である。

斎藤は、一球目にスライダーを選択した。どうしても、自信のあるストレートを放り込まれたあの神宮での記憶が頭の中に残っていたのかもしれない。

外角低めのスライダー！

斎藤にとって、これもまた自信の球である。しかし、その厳しいボールに本間が対応した。いきなり足を踏み込んで、思いっきり振り抜いてきたのである。

カーンッ！

鋭い音を立てて舞い上がったライナーは、真っすぐセンター右に飛んでいった。

「あっ！」

斎藤も、そしてキャッチャーの白川も、思わず叫んでいた。

やられた、ホームランだ……。

その時である。突然、右中間方向からホームに向かって強風が吹きつけてきたのである。

センターの川西が背走。そして、この当たりを、フェンス際で好捕する。

白川は、この突然の風に驚いている。

「それまでなかった風が、あの打球が上がった瞬間に吹いてきたんです。ちょうど打球を押し戻すように、強風が真っすぐ右中間からホームに向かってきた。打球に対して、ちょうど正反対の風です。あの風が吹いてこなかったら、打球はスタンドに入っていました。あの時点で試合は終わってたかもしれません」

斎藤も、あれは文句なくホームランだったという。

「完全にホームランです。ボールが風に押し戻されたんです。助かりました……」

川西がキャッチするのを見届けて苦笑いする本間。これがツーランホームランだったら、たしかに試合の主導権は、駒大がとっていただろう。

大飛球を捕られた駒大には不運、突然の強風に助けられた早実には、神様がついているとしか思えないシーンだったのである。

八回の攻防

エースの気迫の力投でピンチを確実に凌《しの》ぐという試合展開は、完全に我慢比べの様相を呈していく。精神的に崩れたほうが負ける、動揺したり、スキを見せたほうが負ける。そんな息詰まる〇対〇がつづいていた。

試合が動いたのは、八回だった。

この回、一アウトから登場した三木は、斎藤が投げ込んだ初球のスライダーを狙いすましたようにフルスイングする。弾かれた打球は、真っすぐセンター真上に飛んでいった。

「しまった……」

センター方向を振り返った時、斎藤はそう思った。打球は、そのまま川西の頭上を越えてちょうど一二〇メートルの表示がある外野フェンスの真上にライナーで飛び込んだ。

終盤八回での初失点。

早実にとって、あまりに痛いホームランだった。

瞬間、虚《うつ》ろな目をした斎藤は、すぐにいつものとおりのポーカーフェイスに戻っていた。

駒大一点先制。

それは、夢の三連覇に大きく前進する貴重な一発だった。

だが、数々の修羅場をくぐり抜けてきた早実は、その裏、執念の食い下がりを見せた。

一死後、登場したのは、三番の檜垣皓次朗。昨秋の明治神宮大会で、檜垣は、田中に二打席とも三振を食らっていた。両方とも空振りの三振で、まさにレベルの違いを見せつけられていた。

以来、檜垣は田中を打つことをイメージしてひたすら打撃練習に励んできた。そして辿《たど》り着いた結論は、「思いっきり引きつけて、逆方向さえ意識してスイングすれば、田中は打てる」というものだった。

八回裏一アウトランナーなし。ここで凡退すれば、おそらくこれが高校生活最後の打席になるだろう。檜垣はどうしても田中を攻略しなければならなかった。

一球目、左バッター檜垣の外角高めに一二六キロのスライダーが来た。悠然と見送る檜垣。

「引きつけて逆方向」

頭の中で檜垣は反芻《はんすう》していた。二球目だった。

一球目とほぼ同じ一二八キロのスライダーだった。

キーン！

十分に引きつけられた外角のスライダーは、腰の入った檜垣のバッティングで見事に打ち返された。球はぐんぐん伸びて左中間を割った。

「やった！」

一塁を蹴った檜垣は全速力で二塁へ。あわよくば三塁も陥れようという積極走塁だ。

その時だった。

左中間のフェンスまで達したボールにやっと追いついたレフトの渡辺準輝《じゅんき》が振り向きざま投げたボールは、中継の内野手の頭をやや越えた。

「浮いた！」

セカンドをまわったところで、その瞬間に気づいた檜垣は、チャンスを見逃さなかった。そのままサードへ向かって脱兎《だっと》の如く駆けたのである。

サードが、ボールを取りにいく。走る檜垣。一瞬早く檜垣はサードベースに到達していた。

「セーフ！」

一死三塁！

甲子園がどよめいた。二塁と三塁では、天と地ほどもチャンスの価値が違う。もし、檜垣が二塁打に満足して漫然と走塁をしていたら、この三進はありえなかった。結果的に、この積極走塁が大きな意味を持つ。タイムリーヒットが必要なセカンドから、犠牲フライでいいサードへ。

土壇場で、早実は、願ってもないチャンスを摑《つか》んだのである。

「打てない四番」の苦悩

「四番、ショート後藤君」

場内アナウンスが、早実の主砲・後藤の名前を告げた。

〇対一、終盤八回裏に迎えた最大のチャンス、一死三塁――。

ここで登場するのは、キャプテンのショート後藤貴司だった。

「後藤、力むな！」

「楽にいけ！」

絶叫があちこちから聞こえてきた。いや、それは悲鳴といったほうが正確かもしれない。

創部一〇〇年の悲願がかかっていた。

頼む、なんとしても追いついてくれ。関係者やOBの痛いほどの気持ちが伝わってくる。

この時、打席に向かう後藤には、なぜか気持ちの余裕があった。

古くは荒川博、榎本喜八、徳武定祐《とくたけさだゆき》、そして伝説の王貞治。その後も川又米利《よねとし》、小山寛陽、板《いた》倉《くら》賢司ら錚々《そうそう》たる面々が名前を連ねる「早実の四番」。その地位が持つ意味は重い。

特に野球部OBにとってはそうだ。だが、昨年秋から四番に座った後藤には、忌《い》まわしい称号がついて回っていた。

「打てない四番」――。

一部のOBたちが、昨秋、今春、そして今夏の西東京大会、チャンスで凡退を繰り返す後藤の姿を見て、口にした言葉だ。こうした批判は、和泉監督ら現役の野球部関係者にも伝わる。それはいつしか、後藤本人の耳にも届いていた。

「打たなければ」

そう後藤が思うのは当然だった。しかし、そう思えば思うほど力みが生じ、なかなか後藤のバットからは快音が聞けなかった。

後藤は甲子園入りする直前、その悩みをある人物に打ち明けていた。

小学校時代に所属していた東京都小平市の軟式野球チーム「上宿《かみじゅく》ライオンズ」の恩師・前田拡《ひろ》昭《あき》監督（五七）である。前田は、熊本の九州学院時代に四番を打ち、専修大学でも主軸として活躍した球歴を持つ。

前田が請われて後藤の自宅を訪ねたのは、西東京大会決勝で日大三高に劇的なサヨナラ勝ちを収めた二日後、八月一日の夕方六時のことだった。

甲子園への出発を二日後に控えて、西東京代表校として東京都庁に表敬訪問をしたこの日、後藤は、前田に秘密特訓を依頼していたのだ。

人一倍練習を重ねているのに、なかなか結果に結びつかない。鷹揚《おうよう》で天真爛漫《てんしんらんまん》なキャラクターが売りの後藤だが、人知れずその悩みは深かった。

「自分で努力するのはもちろん大事だけど、やっぱりこういう時は、人の意見に耳を傾けようと思ったんです」

この時、助けを求めてきたかつての弟子に、前田は何といったのか。

後藤はいう。

「前田監督は、お前には、お前というバッターにいちばん合った構えがある、とそう言われました。それは小学校時代から変わらないって」

甲子園に向かう土壇場で、後藤は、この恩師のひと言で、小学校時代のバッティングフォームに戻したのである。

「自分の構えは知らず知らずのうちに小さくなってて、ピッチャーから見ても全然迫力がなくなっていたんです。四番らしくない、貧弱なバッターに見えていたと思う。前田監督に指摘してもらって、そのことに気づきました。それで、グリップを大きく身体の前に出し、バットのヘッドを寝かさず、ピッチャー側に向ける構えに直すことにしました。そうしたら、構えがグッと大きく見えるようになったんです。テイクバックをあんまりせず、当てるようなバッティングになってたのも、四番らしく、迫力のあるスイングに戻しました。構えが大きくなると、気持ち的にも、〝ぜってー（絶対）打てる〟、みたいな感じになって、実際、けっこう打てるようになりました」

甲子園での後藤は、準決勝の鹿児島工業戦でのスリーランなど、「早実の四番」の名に恥じない活躍を見せた。

技術もさることながら、これは精神面での変化ではなかったか。これまでの後藤にいちばん足りなかったのが、「ぜってー打てる」という自信だったのかもしれない。

相談を受けた前田がいう。

「貴司は、早実の四番という重圧に晒《さら》され、三振を恐れてスイングが小さくなり、当てにいくバッティングになっていました。私は、本物の四番というのは、監督が打ってほしいここぞという場面で、自分のポイントに来た球を確実に仕留める打者のことだ、と言いました。貴司には、なぜ和泉監督が四番で使い続けてくれるのか、そこに気づいてほしかったんです。あの日、貴司は夜一一時まで五時間、水も飲まずぶっ通しでティーバッティングをしましたよ。そうして、昔のバッティングフォームを取り戻したのです。打率を稼ぐのは三番と五番に任せておけばいい。全打席打とうとするのは、並の四番のすること。貴司は、それに気づいてくれたと思います」

後藤に対して田中は一球目、一四二キロの豪速球を投じた。

「ボール！」

後藤は平然と見逃した。大きく構えたバッティングフォームは、「早実の四番」にふさわしいものだった。

そして、二球目。田中は、またしても渾身《こんしん》のストレートを投げ込んできた。

一四二キロ！

しかし、後藤のバットはこのスピードに負けなかった。

快音を残したその打球は、ぐんぐんセンターへ伸びた。ワーッという場内の歓声が打球を後押しする。バックするセンターの本間篤史。そのボールが本間のグローブに収まるのは、センターのフェンスの前、甲子園でいちばん深い場所だった。

見事な犠牲フライだった。

「打った瞬間、一点入ると思った」

と、後藤。してやったりの表情である。

檜垣と後藤——春のセンバツで甲子園に忘れ物をした三番・四番の二人でもぎ取った、それは早稲田実業にとって大きな大きな「一点」だった。

スクイズ外しのドラマ

八回に一点ずつを取り合った両校。気迫と気迫がぶつかり合った熱戦は、やがて決勝戦としては一〇年ぶりの延長にもつれこんでいった。

一一回表、延長に入って最大のヤマ場が訪れた。

駒大苫小牧の三番中沢が、ノーアウトからセンター前ヒットで出塁。四番本間篤史は、厳しい内角攻めがデッドボールに。ここで五番鷲谷が確実に犠牲バントを決め、一死二、三塁という絶好のチャンスを摑むのである。

つづく打者は六番田中将大。早実は、田中を敬遠して満塁策を選択する。

延長での一死満塁、早実にとって絶体絶命のピンチである。

駒大のバッターは途中からレフトの守備に入っていた岡川直樹。まだ甲子園に来てヒットを打っていなかった。

「斎藤は要所要所を抑えている。もしかしたらスクイズがあるんじゃないか」

この時、早実のサード小柳竜巳は、そう考えていた。もちろん、斎藤—白川のバッテリーも同じ思いである。

スクイズの場合、三塁手の仕事は、ランナーが走ったらそれをバッテリーに大声で伝えること、バントが三塁前に転がったら全力でダッシュし、ランナーを本塁で刺すこと、そしてバントを空振りした場合、三塁ランナーを挟殺で刺すこと——この三つである。

果たせるかな、一—一からの三球目、三塁ランナーの中沢がスタートを切った。

「走った！　と叫びました。でもあの大歓声だから、おそらく聞こえてなかったと思います」

と、小柳。たしかに斎藤の耳に小柳の声は届いていなかった。だが、斎藤の右目は、中沢のスタートを一瞬、捉《とら》えていた。

咄嗟《とっさ》に斎藤はスクイズ外しを敢行した。スクイズがわかった場合の外し方は、その時、投げる球がストレートだった場合は上へ、変化球の時は地面に叩きつけるというものである。

「右目の端っこにランナーのスタートが見えました。この時、白川のサインはスライダーだったので、咄嗟に地面に叩きつけようと思いました。白川が捕ってくれると思いました」

と、斎藤はこの緊迫の場面を振り返る。

三塁ランナーのスタートを目の端で捉え、スクイズを外す――斎藤が事もなげにいうこのプレーは、高い技術と練習に裏打ちされたものである。

投球モーションに入ってからスクイズを外すということは、要するに〝暴投〟するということである。

斎藤がいうようにその時、変化球なら地面に叩きつけるしかない。上に外したら、そのままボールが流れ、キャッチャーが捕れない可能性がある。ストレートなら上に投げたほうがキャッチャーは捕りやすいだろう。

この時、白川はスクイズはないだろう、と見ていた。

「バッターが、打ち気に出ている感じだったんです。一―一からの三球目でしたが、スライダーのサインを出して、ワンバウンドでもいいから振らせるイメージでした」

だが、三塁ランナーはスタートを切り、バッターはスクイズに出た。

咄嗟の斎藤の球は、外角の低め、地面ぎりぎりのところを通過。岡川の出したバットのわずかに先を掠《かす》めていった。

白川は、地面とボールがちょうど合わさる場所にミットを出した。だが、土の煙がバッと上がる中で、一瞬、ボールを見失った。

この時、三塁ランナー中沢とサードの小柳の心理が交錯した。

「白川がボールを見失ったんです。それを見た瞬間、僕は、サードランナーを刺すのは無理だ、と思いました。だから声も出さず、ボールを受けようとするアクションも取らなかった。それを見て、ランナーはちょっと気が緩んだのか、帰塁が遅れたんです」

と、小柳。その時、ボールを拾い上げた白川から、小柳に矢のような送球が届く。小柳はすかさず反応して捕球し、ランナーにタッチした。タイミングは微妙だった。アウトとセーフ、審判がどちらをコールしてもおかしくないプレーだった。

「アウト！」

右手を上げる審判の姿を見て、小柳の胸に安堵《あんど》が走った。

スクイズ失敗。

それは、技量を高めあった両チームのぎりぎりのプレーだった。

スクイズ外しは、ピッチャーがキャッチャーに信頼を置いていなければ成立しないプレーである。咄嗟にピッチャーが〝暴投〟を投げてスクイズを外し、その球をキャッチャーがしっかりと受け止め、ランナーを刺すのである。キャッチャーに技術と度胸がなければ、そもそも成り立たない。

実は、このプレーを駆使して全国制覇を成し遂げたチームがある。

平成一四年夏の甲子園で、智弁和歌山を七対二で下して優勝した明徳義塾である。決勝戦で、このプレーは全国のファンの前で披露されている。

明徳義塾の田辺佑介《ゆうすけ》（関西大学野球部四年）と筧裕次郎《かけいゆうじろう》（オリックス・バファローズ）のバッテリーは、決勝戦の四回表、一死二、三塁のピンチでスクイズを外し、三振ゲッツーで切り抜けている。この時、スコアは明徳リードの一対〇。ここで同点に追いつかれたら、流れがどちらに傾くかわからない緊迫の場面だった。

明徳義塾は、高知県大会準々決勝、対岡豊《おこう》高校戦の絶体絶命の場面でも、このプレーでピンチを切り抜けている。本来は敗れるところだったこの試合でスクイズを外して息を吹き返し、甲子園へと駒を進めている。つまりこのプレーがなければ、明徳義塾の全国優勝はなかったのである。

田辺がいう。

「僕は右ピッチャーやから、三塁ランナーが走り出すのが目の端っこで見えるんです。大体、足を上げて体重移動を始めるくらいの時です。ボールが手を離れるまでには、打者も構え始めますから、やはりスクイズはわかります。わかってるのに外さへんのはもったいないなあと前から思っていたんです。二年の冬頃、筧にスクイズ外しの相談をしました。筧は、おお、それやろうや、とすぐに乗ってきてくれた。

その時に二人で話し合って決めたのが、球種によってあらかじめ外し方を決めておく、という作戦でした。直球やったら、筧が座ったまま捕れるギリギリのアウトコース高めにウエストする。変化球やったら、僕の場合カーブとスライダーですけど、キャッチャーの前に叩きつけてショートバウンドにする。こういうふうに決めて、いつ走られても外せるようにノーサインでできるようにしたんです」

二人は、そのための特訓をしたのだろうか。

「いや、そうでもないです。打者のスクイズ練習の時に、筧とバッテリーを組んで外してみたりはしたけど、あんまり意味がなかった。走るとわかっててやっても、練習にならないですから。だから、試合で練習しました。試合中、何度も試すうちに、八割か九割は成功するようになりました。でも、これは、何よりバッテリーの信頼関係が必要です。僕の場合は、筧のことを信頼してたからこそ、安心して外すことができた。

斎藤君がスライダーを叩きつけてスクイズを外したのは、まったく僕たちと同じプレーです。斎藤君は、キャッチャーを信頼してたんですね」

田辺がいうように、これはバッテリー間の信頼関係がなければ成り立たないプレーである。

だが、ここまで白川が斎藤の信頼を勝ち取るまでの道は、簡単なものではなかった。

そもそも白川は、ピッチャーとして早実に入学してきた選手である。三鷹《みたか》ビッグボーイズのエースとして早実に進んだ白川は、その強肩とバッティングセンスを買われて二年生の五月になって初めてキャッチャーへの転向を命じられている。

一年上のキャプテン武石がキャッチャーで、以後、白川はキャッチャーのイロハを武石から学んでいく。

そして、その白川が最後まで苦しんだのが、斎藤のショートバウンドになる投球を捕ることである。

白川は、斎藤に「(去年の)武石さんはもっと捕ってくれたよ」と、いわれ、ひたすらショートバウンドの捕球練習に励んだ。

「斎藤のスライダーはキレがありますから、難しかった。それに三年の五月頃から、斎藤は格段にスピードとキレを増しました。フォークボールも落差のある球を投げ始めましたから、また捕れなくなったんです。

斎藤のフォークは、指のかかり方と力の入れ具合で、右に落ちたり、左に落ちたりする。本人は真ん中に落とすつもりなんでしょうが、いろいろな落ち方をするんで、捕りにくかったです」

白川は、連日、バッティングマシーンを横にして、二個ついているドラムの上のほうの回転を速めるようにセットし、スライダーやフォークの落ち方にして捕球練習をつづけた。

「毎日、一箱はやりました。一箱には、だいたい八〇球から一〇〇球は入っています。そういう練習でやっと捕れるようになりましたね」

斎藤の白川への信頼感は、この特訓によって、やっと得られたのである。

土壇場の一四七キロ

スクイズを外された岡川は、次の球をレフト前にヒットしている。しかし、レフトの船橋が、ここで隠れたファインプレーをみせていた。

この時、船橋は、定位置より約一〇メートルも前の「前進守備」を敷《し》いていた。船橋独自の判断によるものである。

「あの時は、極端に前で守りました。ピッチャーが斎藤の場合、打球が三遊間を抜ける確率とレフトオーバーされる確率を考えたら、絶対に三遊間を抜ける確率のほうが高い。だからここ一番という場面では、自分はいつも相当、前に守るんです」

しかし、一〇メートルも前で守るというのは、勇気のいるプレーである。スクイズを外されて三塁ランナーが殺され、二死一、二塁。ここでヒットが出れば、当然二アウトだけに、二塁ランナーは一気に本塁をつく場面である。

だが、船橋の見えないファインプレーは、岡川のレフト前ヒットを「決定打」にすることを封じた。矢のような送球があっという間に、中継カットの斎藤のもとに返ってきたのだ。

ホームをつけなかった駒大苫小牧は、次打者の山口就継《よしつぐ》がライトフライに打ち取られる。早実は絶体絶命のピンチをなんとか切り抜けるのである。

延長一五回で決着がつかなかった場合は、規定により引き分けとなる。斎藤、田中、両投手の鬼気迫る投球は、回を追うごとに凄まじいものとなった。

「こいつには絶対負けない」

見るものに激しい闘志が伝わってくるピッチングが、果てしなくつづいた。

延長一五回表、その場面は、おそらく高校野球ファンの記憶に長くとどめられるものになるだろう。

二番三木を三振、三番中沢をショートゴロと、駒大が誇るうるさいバッター二人を退けた斎藤は、いよいよ主砲・本間篤史との対決を迎えた。

斎藤は、一球目、外角へ豪速球を投げ込んだ。ボール！

スコアボードの掲示は、一四七キロを指した。

「オーッ」

満員の観客からどよめきがあがる。この日、最速の球である。斎藤が投げたこの試合の一七三球目だった。

「このピッチャーのスタミナはいったい、どうなっているんでしょうか」

テレビ中継のアナウンサーからそんな声があがる。

バッターボックスの本間も一瞬ニヤリと笑みを浮かべた。敵ながら天晴《あっぱ》れと思ったのか。

次の球は内角高め、スピードは一四三キロ。ボールである。

あくまで強気のストレート勝負だった。

三球目は、真ん中低めのこれまたストレートだ。

一四七キロ！

再びこの日最速の掲示だった。ノースリー。

観客のどよめきに、溜息が加わった。驚異的なスピードとスタミナ。観客は称賛の声をあげた。

「斎藤、いいぞ」

「斎藤、がんばれえ！」

四球目、斎藤は今度もストレートを投げた。今度は外角低めぎりぎりに決まる。

一四六キロ。

「オー」

さらに感嘆の声をあげる観客。その時、球場全体から歓声と手拍子が湧き起こった。

チャッチャヤッ、チャッチャヤッ、チャッチャヤッ……。

その手拍子は、バックネット裏の銀傘《ぎんさん》に反射して谺《こだま》し、マウンドの斎藤を包み込むように迫ってきた。

七五年前、中京商業の反撃に遭った島津投手に迫ってきた観客の手拍子。それが、今度は斎藤をあと押しするように、内外野からともに湧き起こったのだ。

五球目は、一四六キロの真ん中低めのストレートだった。

「ストライク！」

赤井球審の右手が上がると、観客からまたも、どよめきが。

それでも斎藤の表情は、ぴくりとも動かない。

二—三フルカウントからの六球目。斎藤は、この時、「ある球」を投げる決意をしていた。

フォークボールである。

昨秋の神宮大会準決勝で、落ち切らずに本間に痛打された球。斎藤は、まだあの時の「悔しさ」を忘れていなかった。

「フォークを落として本間を三振にとる」

斎藤は、この手拍子と歓声の中で、冷静にそう考えていたのである。一方、本間は、

「ストレートが来る！」

と読んでいた。

だが、斎藤が手拍子の中、投じたのは一三三キロのフォークボールだった。

空振り！　三振！

「ウォー」「すごい！」

手を叩きながら、観客が思わず立ち上がった。

その瞬間、ヨッシャー、という声とともに、斎藤には珍しいガッツポーズを見せた。

これで早稲田実業のこの日の負けはなくなったのである。恐るべきスタミナだった。

「このフォークボールは、神宮大会の時のリベンジの意味で投げました」

と斎藤がいえば、

「あそこはストレートでしょう」

と、本間は、苦笑いをしながらこの場面を振り返った。

弾むような斎藤のガッツポーズと、笑みを浮かべてベンチに戻る本間。エースと四番の対決は、完全に斎藤の勝利に終わったのである。

一五回裏、田中将大の気迫も凄まじいものだった。

早実は、トップから始まる絶好の攻撃だったが、一番川西を三球三振、二番小柳にフォアボールを与えるものの、三番檜垣は、外角低めにうなりを上げて食い込むストレートを見逃し三振。四番後藤は、ブレーキのかかったスライダーを打ち上げてショートフライに終わった。

つけ入るスキをまったく与えない鬼のような田中の前に、一五回裏もスコアボードには「ゼロ」がしっかりと刻まれたのである。

観客はスタンディングオベーションで、両チームを讃《たた》えた。

マウンドを下りてやっとニッコリする田中に対して、緊張と昂揚《こうよう》した気持ちがまだとれないのか、斎藤は険しい表情のままだった。

試合後の監督のインタビューも対照的だった。早実の和泉が厳しい顔で、

「こうなった以上は、明日も負けん気を持って、もう一回、駒大に挑戦する。駒大は強いです。でもうちも強いことを再確認しました。今日は胸を借りる思いだったが、もう疲れている、疲れていない、とかじゃない。明日も総力戦でいく」

というと、駒大苫小牧の香田は爽《さわ》やかな表情でこう語った。

「田中はつらい苦しい中でよく精神力で頑張ってくれた。明日も両投手が力をふりしぼった試合になればいいと思う。もう一試合できる喜びを感じて、いい顔をして最高のプレーをしようと、選手には話そうと思います」

斎藤は一七八球、田中は一六五球。両エースが一歩も引かない火花散る投げ合いは、球史に新たな一ページを確かに刻んだのである。

消え失せた「握力」

延長一五回が終わった時、斎藤に激しい疲労が襲ってきた。気が張っていた試合中こそ気がつかなかったものの、斎藤の右腕は、すでに悲鳴をあげていたのだ。

八月一六日の福井商業との三回戦のあと一日空いたものの、一八日の日大山形との準々決勝からすでに三連投。明日投げれば四連投で、それは、六日間に五試合投げるという過酷なスケジュールだった。

すでに斎藤は、甲子園入りしてから八三〇球も投げている。斎藤の右腕は、この時点で限界に達していたのかもしれない。

「手を握れないほどでした。こう、空《くう》を摑む感じで、何も握れないんです。宿舎に帰るバスの中で、明日は投げられるだろうか、ダメじゃないか、と心配になりました。ここで自分が崩れたら、駒大苫小牧の三連覇阻止と早実の初優勝という夢が終わってしまう。不安でたまりませんでした」

と、斎藤はいう。祈るような気持ちで宿舎に戻った斎藤は、右腕を氷で冷やし、風呂に入っても自分でヒジの上や下を揉みつづけた。

この時、和泉は、翌日の「斎藤先発」は無理だと考えていた。

斎藤の疲労は限界に来ている。それは誰が見ても明らかだった。

この時点で、和泉は斎藤の先発を考えていなかったのである。和泉が試合後のインタビューで語っていた「総力戦」とは、斎藤以外のピッチャーの登板を念頭に置いての発言だったのだ。

「頭（先発）は別で行って、もし斎藤が投げられる状態だったら、残りの何イニングかを投げられればいい、という考えでした」

と、和泉はいう。では、なぜ斎藤は先発できたのだろうか。

斎藤自身はこう語る。

「鍼《はり》をやってもらったら、握力が戻ったんです。疲労がとれました。東京でやってもらっていた鍼の先生がわざわざ来てくれて、ずっと鍼を打ってもらっていました。右腕、肩、下半身に一時間ほど打ってもらったら、疲れがなくなったんです」

マスコミで話題になった、身体に酸素を取り込む通称「ベッカムカプセル」より、むしろ鍼のほうが斎藤にとっては大きかったのである。

「鍼の先生」とは、先にも登場した脇坂美加のことである。脇坂は、この大会、東京と甲子園をすでに四往復していた。決勝前夜、斎藤の身体に〝最後の〟鍼治療をおこない、東京に戻っていたのだ。だが、決勝戦は予想もしない再試合。試合を見届けた脇坂は、新幹線に飛び乗り、斎藤にメールを打った。

〈お疲れちゃん、大丈夫?? すごかったね。今から行くから待っときな。明日も気持ちよく投げられるようにするからね〉

　斎藤からは、すぐに返事が来た。

〈大丈夫っす　いつもいつもありがとうございます〉

脇坂はこの絵文字つきの文面を見て、少し安心した。彼女が西宮の水明荘に到着したのは、夜の九時を少し回った頃だった。

「エースの部屋に入ったら、相部屋の神田君の他に檜垣君、川西君らが一緒にいました。テレビがついていて、いつもどおりのリラックスした雰囲気でした」

八月二〇日の夜。脇坂はエースの顔を見た。いつもと変わらないクールな表情だ。

トランクス一丁になった斎藤の身体に、脇坂は慣れた手つきで触れる。

「どこがいちばん疲れてんの？」

「前腕《ぜんわん》……」

「下（半身）は？」

「そんなに。平気です」

　これで問診は終わり。斎藤は、握力がなくなっていることを敢えていわなかった。

脇坂は、太さ〇・二ミリ、長さ三九ミリのステンレス針を、プッ、プッ、と斎藤の右前腕に入れては抜く。斎藤の表情が変わることはない。腕だけでなく、手の甲、さらにボールを握る人差し指と中指にも針を入れた。

斎藤の右腕は、思った以上にいい状態だった。疲労は少し溜まっているが、痛いところもなく、異常はない。斎藤は治療を受けながら脇坂とこんなやりとりをしている。

「先生、明日、一四〇キロ台をいっぱい出したらみんなビックリするかな」

「いやあ、そら出るよ。もっと出るやろ」

脇坂は、さらにこう続けた。

「明日、田中君を抑えて、田中君からホームランを打って勝ったら、お前がスターだよ」

前腕部に六本、針を打った。深い場所では二センチほど針が入る。打つ部位や深さは、その日の疲れ具合を診ながら調整していく。川西や檜垣への治療も、並行して行った。

脇坂は、自分の役割をこう説明する。

「ただ単に疲労を取るということじゃないんですね。たとえば、肩が軽くなりすぎると逆にコントロールがつかなくなって、投げにくくなるケースもある。つまり、いじり過ぎるのも良くないんです。これは斎藤くんに限った話ではなくて、その選手のいちばん調子がいい状態に持っていってあげる。調子のブレを防いで、いちばん気持ちよく投げられる状態にしてあげるのが私の仕事だと思っています」

腕が終わると、下半身に移る。太腿《ふともも》から足先まで、まんべんなく針を入れた。時間にして約一時間。治療を終えた脇坂は、少し肩の荷が下りた気がした。

「よし、いける。これで負けたら、しょうがないやろ」

脇坂の言葉に、斎藤はこう答えた。

「ですよね」

脇坂にとって、すべての苦労が報われるひと言だった。腹ペコの脇坂に、斎藤は夜食のタコ焼きを分けてくれた。

ちょうど治療が終わった一〇時半頃、和泉が斎藤の部屋を訪れた。和泉が脇坂の治療を覗《のぞ》きに来たのは、大会が始まって以来、初めてのことだった。

斎藤に和泉が声をかける。

「どうだ？　勝ちたい気持ちはあるけど、お前の野球人生もあるからな」

「投げられます。大丈夫です」

斎藤が答えると、和泉は脇坂にも聞いてきた。

「先生、大丈夫ですか」

脇坂は自信を持って答えた。

「明日一五回投げても、この子の野球人生が終わることはありません。大丈夫です」

「そうですか」

和泉は、それでも明日投げさせるとは、いわなかった。

宿舎を去る際、今度は脇坂が監督の部屋を訪ねると、佐々木慎一部長や早実野球部ＯＢらが集まっていた。

「エースは本当に大丈夫ですよ。もしかしたら明日のほうが（身体が）軽いかもしれません」

念を押すように脇坂がいうと、和泉が笑った。

「もしこれで批判されたら、先生が投げていいって言ったってマスコミに言いますから」

脇坂も「いいですよ」と笑顔で返し、宿舎を辞した。

「この時は、エースに投げさせてあげてほしい、という気持ちに私もなっていました。ずっと一人で投げてきたわけですから。エースが投げて負けても、誰も何も言えないですよ。斎藤君が投げなきゃいけないって、仲間も思っていたはずです」

その夜、はやる気持ちを抑えてベッドにもぐり込んだ斎藤は、祈るような思いで朝を待った。

平成一八年八月二一日。

運命の朝は明けた。

駒大の三連覇阻止、そして早稲田実業の初優勝。斎藤の願いが叶うかどうか。

すべては、斎藤の右腕にかかっていた。

「朝起きたら、身体が軽かったんです。むしろ前の朝よりも軽くなっていました。これは、〝いける〟と思いました」

斎藤は、その朝のことをこう振り返る。朝食前、和泉は斎藤に、

「調子はどうだ?」

と、声をかけた。斎藤は明るい表情で、

「身体、軽いです。昨日の朝より、むしろいいです」

と、応えた。

この瞬間、斎藤の先発は決まった。

和泉も「鍼の先生」の存在は大きかったと、こう語る。

「私が前夜、鍼の治療中に先生に聞いた時も、監督、(登板は)大丈夫ですよ、といってくれたんです。斎藤自身のこの朝の調子も聞いて、先発を決めました」

それは、土壇場での〝逆転劇〟だった。

一年ぶりの涙

試合は、前日に劣らない緊迫したものとなった。

斎藤は先発。田中も先発こそしなかったものの、前日同様、菊地を救援して、この日は一回二アウトから、マウンドに上がってきた。

早実は、初回からトップバッターの川西が四球で出塁するや、ノーアウトのまま盗塁を敢行するなど、「勝つ」という闘志を前面に押し出した試合展開を見せた。

盗塁こそ失敗するものの、二番小柳のヒットを足掛かりに五番船橋のセンター前ヒットで早くも一点を先取、田中をマウンドに引きずり出している。

「ファーストストライクは必ず振る」

強い信念に基づいた船橋のセンターへの痛烈な一打だった。

斎藤佑樹対田中将大。

やはり、この二人の戦いとなった。だが、早稲田実業は、攻撃の手を緩めない。

二回裏、二死二塁から一番川西が、一三五キロの速球をおっつけてレフトへ得意の流し打ち。

打球はラインドライブとなってあっという間にレフトポール下のフェンスまで転がり、二点目を奪う。川西はゆうゆうセカンドへ。

初回の盗塁で、闘志を見せつけた川西の食らいつくバッティングだった。

二対〇早実リードで迎えた六回表、駒大苫小牧の先頭バッター・三谷が、斎藤のスライダーにタイミングを合わせた。最後は片手でバットを払うようなスイングで、左中間スタンドへの痛烈なホームランだった。

だが、一点差に迫られた早実は、その裏、二死一塁から、八番白川が田中の一三六キロの内角高めのストレートを強振。舞い上がった打球は、あわやホームランというレフトフェンス直撃の二塁打となる。一塁から長駆《ちょうく》、セカンドの内藤がホームを駆け抜け、ふたたび二点差とした。

迫られたら突き放す、という貴重な一点である。

なおも七回裏、早実は、二死二塁に川西を置いて、四番後藤が田中の初球のスライダーを狙いすましたようにレフト前に快打。川西を迎え入れて、駒大を突き放す四点目を入れたのである。

大会前に悩みに悩み抜いた後藤。それは、かつての恩師のひと言から生まれた「四番らしく大きく」構えたフォームから生まれた決定打だった。

四対一。早稲田実業リードのまま、駒大苫小牧が九回の攻撃に入ったのは、午後二時四八分のことである。試合が始まって、一時間五〇分が経とうとしていた。

「スピードは出てない。我慢していくぞ」

斎藤は、初回から、そう自分に言い聞かせて投げてきた。だが、

「自分には、今まで積み重ねてきた投球術がある。それを信じて、踏ん張って投げよう」

これまでくぐってきた修羅場《しゅらば》と自分自身の投球術に対する自信が、どんな場面でも、斎藤から冷静さを失わせなかった。

あとアウト三つ。

斎藤に、そして早稲田実業に、悲願達成がそこまで見えていた。しかし、「夏三連覇」という大記録に王手をかけたこの北の強豪は、ただでは引き下がらなかった。

先頭の二番三木がレフト前に落としてノーアウトで出塁し、斎藤に重圧をかけた。

そして、強打の左バッター三番の中沢を迎える。中沢は、ゆったりと構えながら、バットをやや寝かした独特のバッティングフォームから繰り出すスピード抜群のスイングに定評がある。

斎藤は、この中沢にスライダーから入っていった。

だが、中沢は、初球からスライダーを狙っていた。一二四キロの外角のスライダーを待っていたかのように振って出た。

ガッ。

中沢のバットに弾き返された打球は、一直線にセンターへ。センター川西は、バックスクリーン左のフェンスによじのぼった。だが、打球は、遥かその上に飛び込んだ。

ツーランホームラン！

三対四、一点差——。

狂喜する一塁側の駒大応援団。場内は、ただ、どよめきと驚嘆の声に支配された。

「あのホームランは、相手がうまかった。バットに載《の》せてうまく運ばれました。九回を迎えた時、このままでは終わらない、と思っていました」

と、斎藤はいう。しかし、アウトカウントはノーアウトである。流れが一気に駒大に行っても不思議はない。この大会でも駒大苫小牧は、何度も終盤で恐るべきパワーを発揮している。その駒大の強さを知っているだけに、

「落ち着け、斎藤！」

「まだ一点ある。大丈夫だ！」

早実OBやファンは、自分自身を落ち着かせるように、そう絶叫していた。

この時、ベンチからは、控えの神田雄二が〝伝令〟に飛び出していた。

すでにマウンドには、内野手全員が集まっていた。神田は、早実の代打の切り札であると同時に〝伝令のスペシャリスト〟でもある。

だが、和泉によれば、これは、神田が勝手に行ったものだという。

「私が、タイムって言った瞬間、もう神田が飛び出していた。だから、みんなにこう話せなんて細かい指示はしていません。だってあんな場面で、難しいこと言ったってしょうがない。ただ間を取って、落ち着かせるだけですよ」

この土壇場で神田が加わり、輪は七人になった。

三年生は、外野の船橋を除いて全員集まっている。

「俺たちは一点勝っている。一個一個、アウトをとっていこう」

キャプテン後藤がいった。

「ヘッズアップ」

後藤のこの合図で全員が目をつむって空を見上げた。そして全員で深呼吸――。

今年の初めから取り入れたメンタルトレーニング。その中で瞑想《めいそう》の重要性を知ったナインは、みんなで考えて、心を落ち着かせる方法としてこれをおこなうようになった。

甲子園を決めた日大三高戦の九回のピンチでもこれをやった。

一瞬の沈黙のあと、

「俺たちは」

という後藤の声に、それぞれ、胸を二回たたいて指を一本立て、全員が唱和する。

「心は一つ！」

いつもの合い言葉だ。

斎藤は、目をつむったまま顔を空に向けた瞬間、「音」が消えたと思った。観衆の声、喧噪《けんそう》、ざわめき……すべての音が斎藤の耳からかき消えた。

「すっきりした」

ふたたび目をあけた時、斎藤は何か新鮮な気持ちだった。

「よし、いける」

斎藤は、新たな気持ちであと三つのアウトに立ち向かった。

まったく新しい気持ちで、四番本間篤史に対峙したのである。

ここで本間を出せば早実は負ける——。

この時、早実を応援していた多くの人がそう思ったに違いない。だが、マウンドの斎藤だけは、違った。気持ちをリセットして、まったく新たな戦いに没入していったのである。

斎藤は一球目、外角へ一四六キロのストレートを投じた。九回を迎えても、スピードにまったく衰えがない。いや、むしろ序盤より明らかに威力もスピードも増していた。

「手が出ない」

外角にビシッと決められたそのコントロールとスピードに本間は舌を巻いた。

次の球も外角のストレート。一四〇キロだった。やっとバットにあてたが、打球は一塁のファウルゾーンへ。そして三球目。斎藤と白川は、外角低めにスライダーを投げた。

本間は、この球を空振りする。三振!

早実にとって、ノーアウトでさらにランナーが出る最悪の事態は避けられたのだ。

「斎藤は、神宮大会で戦った時と同じピッチャーとは思えないほどレベルが上がっていました。アウトコースにコントロールされたストレートとスライダーは、明らかに(前年とは)違っていました。すごいです。もちろん、今まで対戦したピッチャーの中でナンバー・ワンです。まったく〝違う人間〟になった、という感じがしました」

本間は、斎藤について、そう評した。

前日の試合の初回。突然の強風でホームランボールを押し戻された本間から、ツキが消えてしまったのだろうか。決勝二試合で、斎藤対本間は、一一打数ノーヒット、五つの三振、二つの四死球、一犠打だった。

九ヵ月前、本間に打たれて、自分のストレートが通用しないことに愕然《がくぜん》とした斎藤。だが、甲子園という檜舞台で、斎藤は見事にそのリベンジを果たしたのである。

つづく五番の岡川をセカンドフライに打ち取った斎藤は、宿命のライバル・田中将大との対決を迎え、死力をふりしぼった最後の戦いを演じた。

斎藤対田中。これからも長く球史にとどめられるだろうその闘いは、両者ともに「悔いを残さない」激しい形で決着した。

絶叫と悲鳴が交錯する中、二－一からの六球目だった。外角ストレートのサインをキャッチャー白川が出した時、斎藤と田中は同じ思いに捕らわれている。

高校生活で最も練習した外角速球を投げ込もうとする斎藤と、絶対に悔いを残さないために、フルスイングで応じようとする田中。

「いくぞ！」

お互いの闘志が、一八・四四メートル離れた場所から一点でぶつかりあった瞬間、甲子園の喧噪が不思議なことにピタリと止んだ。

そして、自分の人生において、これで高校野球が終わることを胸に刻んだ二人は、

「絶対に後悔しない」

最後のストレートとスイングを繰り出したのだ。

一四四キロ！

奇妙な静寂に包まれた一瞬、田中の執念を乗せたバットは、空を切った。

ゲームセット！

空振り三振だった。

「現時点で斎藤が僕よりすべて上です」

と、語る田中。

「僕は、田中を尊敬しているのかもしれない」

と、吐露した斎藤。

世代最強のピッチャーの座を争う二人の対決は、誰もを唸《うな》らせる形で決着した。

田中将大を三振に切ってとり、早稲田実業悲願の全国制覇がなった時、時計は平成一八年八月二一日午後二時五八分を指していた。

明治三八年六月、まだ一帯が田園地帯の頃、早稲田鶴巻町に早実野球部が産声をあげてから、それは一〇一年後のことだった。

本間がいった「違う人間になった」という言葉。それは、斎藤自身が使った言葉でもある。

日大三高戦の痛恨の敗北で、鬼と化した斎藤。そして、駒大苫小牧との戦いを経て、さらに進化した斎藤。その途中で出会い、そして最後にもまみえた田中将大と本間篤史。

北の強豪との壮烈な戦いに勝利した斎藤は、雄叫びをあげた。それは、まさに鬼神の咆哮ともいうべきものだった。

アルプス席に挨拶に走り、自分たちを支えてくれた仲間たちの顔を見た瞬間、憑《つ》かれていたものが離れたかのように、斎藤の目からは涙が溢《あふ》れ出てきた。斎藤にとって、それは、一年ぶりの涙にほかならなかった。

昭和六、七、八年の中京商業以来となった「甲子園三連覇」の夢。駒大苫小牧が目指した大偉業への道は、ついに、終《たど》わりを告げた。

そして、両チームが辿《たど》り着いたスコアは、七五年前に島津が演じた中京商業との死闘――奇しくも、早実と三連覇との因縁がスタートした時と同じ「四対三」だったのである。

優勝を決め、ナインと喜びを爆発させる斎藤佑樹。

第十章

一〇〇年の悲願

野球の申し子の死

早稲田実業への思いを胸に秘め、特別な気持ちでこの全国制覇を見た人がいる。荒木大輔の同期で、一年夏から連続五季甲子園出場を果たしたセカンド・小沢章一《のりかず》の妻・麻利《まり》（四七）である。一六六センチ、六〇キロと小柄ながら俊足、好打と華麗なグラブさばきで一年夏から早実のレギュラーポジションをもぎとった小沢は〝野球の申し子〟と称され、和田野球の体現者として三年ではキャプテンとしてチームを引っ張った。

甲子園のファンなら、「荒木・小沢コンビ」といえば、一時代を画した早実のスターコンビとして、誰もが記憶にとどめているだろう。

早大進学後、野球部を退部した小沢は、大学二年から早実のコーチを務め、卒業後、千葉英和《ちばえいわ》高校に保健体育教諭として赴任、昭和六三年から野球部監督を務めていた。

その小沢は、平成一八年一月、胚細胞後腹膜悪性腫瘍《はいさいぼうこうふくまくあくせいしゅよう》によって四一歳という若さで亡くなった。早実が悲願の全国制覇を果たす七ヵ月前である。

「甲子園の決勝戦は、この部屋で観ました。ここは主人がいちばん、好きだった場所なんです。優勝した瞬間、良かったね、って写真に語りかけました」

祭壇に亡き夫の遺影が飾られた自宅の居間で、麻利は、そう語る。二人の間には子どもがなかった。決勝戦再試合を、麻利は祈るような気持ちで観ていた。

「主人は五回甲子園に行って、最初が準優勝だったから、残りの四回のどこかで優勝できるんじゃないかと思っていただろうし、したかったと思う。主人がなしえなかった優勝を、後輩がWASEDAのユニフォームで成し遂げてくれて、きっと感謝していると思います」

小沢にとって和田監督は、最も怖く、同時に最も尊敬する存在だったという。

「主人にとって、和田さんは唯一絶対の存在だったと思います。主人は、あまり現役時代のことを私には話しませんでしたが、和田さんへの思いは、折に触れて話していました。尊敬する和田さんが来ると、直立不動になる、という感じでした。

和田さんは、とてもユニークで、楽しい方でした。私が初めて結婚式前日に挨拶をした時、麻利という私の名前を聞いて、即座に、〝ボールか！〟っておっしゃったんです。主人にピッタリの名前だと思われたんでしょうね。私が〝そうです、ボールです。よろしくお願いします〟と答えると、嬉しそうに笑ってらっしゃいましたね。結婚式でもとても感動的なスピーチをしていただきました」

シャイな和田は、普段、面と向かって生徒を誉めることはなかった。小沢に対してもしかり、である。だが、結婚式のスピーチで和田は、名門早実の重荷を背負いながらプレーをつづけた小沢に、

「この場を借りて、小沢くんにありがとうの言葉を伝えたい」

と、いった。

「その言葉を聞いた瞬間、主人の目から、ブワーッて、涙が溢れてきたんですよ。しゃくり上げちゃって、もう涙が止まらなかったんです」

小沢は、それだけ和田に大恩を感じていた。

「大学の野球部では、主人はいろいろあって、休部したんです。バッシングも受けたりして、悶々《もんもん》として家にいた時期があったそうなんです。その時、和田さんだけが、時間があるんだったら（早実のグラウンドに）顔出せよ、と言ってくれたそうです。（早大野球部を）辞めろとか、辞めるなとか、そういうことは一切言わず、ただ、顔出しなって。

それで早実のグラウンドに行くようになって、あの時すごく救われたって、主人は何度も言っていました。（大学の）野球部を辞めたことを報告した時も、そうか、のひと言だったそうです。あとで主人がこう言っていました。たぶん、早大野球部の体質みたいなものも知っていて、あそこでは小沢はやり切れないいんじゃないか、と和田さんは見越していたんだろうって」

だったら指導者になればいい、という思いが和田には最初からあったのだろう。和田は、小沢が大学の野球部を退部すると、早実のコーチとして正式に迎えた。小沢が大学二年になったばかりの頃だった。

「早実にコーチとしてついた三年間、和田さんの後ろ姿を見ながら学ぶことができて、自分は本当にラッキーだったと言っていました。そこで指導者という道が見えてきた。あの三年間は、自分の人生において本当に大きかったって感謝していました」

和田の早すぎる死は、小沢にも大きな衝撃を与えた。小沢にとって和田は「たった一人の師匠」だった。指導者は一歩引いて選手を見守れ——それが、和田の小沢への教えだった。

「和田さんには、感謝してもしきれないものがあったから、亡くなった時のショックは大きかったと思います。和田さんが倒れて面会謝絶だっていう連絡が回ってきて、主人はお見舞いに行くこともできなかったんですね。そうしたら数日後の朝、主人が、今日、学校に行くのやめる、って言い出したんです。和田さんが夢に出てきたかなんかで、（和田監督が）今日、逝《い》ってしまうような気がするから、俺は病院に行く、って言うんです。

それで行く支度をしていたら、ちょうどそこに、荒木（大輔）さんから、監督が亡くなった、という電話が来たんです。たしか、病院にかけつけたのも、荒木さんと一緒だったと思います。私は、和田さんが亡くなって、主人は大丈夫だろうかって思いました。途方にくれちゃうんじゃないか、これからどうするんだろうって。最初のうちはかなり落ち込んでいましたから」

小沢には、自身が監督を務める千葉英和をなんとか甲子園へ連れていくという悲願があった。

「主人は、やっぱり高校野球は夏だよ、高校三年の夏、あとがないっていう状況で勝つのが大切なんだと、よく言っていました。だから、早実の悲願というのは、私も感じていました。主人は、早実は夏、優勝してないからって、何度も言っていましたから。

しかし、だからこそ、高校三年間の集大成として、自分の生徒たちの夏を大切にしてあげたい、と思っていました。甲子園に行くのは目標だけど、それがすべてではない。あくまで、高校生の部活としての高校野球であり、それを通して人間として成長させてあげたい、って。それが和田さんから、そして早実から主人が学んだことだと思います。

今年の夏、私が出かける用事があって、早実の試合をテレビで見られない時があったんですね。そうしたら、主人の教え子で千葉英和野球部OBの子たちが、試合経過を私の携帯メールにいちいち送ってくれたんです。ご父兄の方々も皆、早実を一生懸命応援してくれていました。早実が勝つと、その度に、良かったですね、監督さんもきっと喜んでますね、とメールや電話を下さる方もいました。皆さん、早実を最後まで応援し続けます、とおっしゃってくれたんです」

小沢の病気が発覚して亡くなるまでの一年間、その闘病生活は凄まじいものだった。「胚細胞後腹膜悪性腫瘍」というのは、母親の胎内で受精卵が細胞分裂する過程で出るごく微少なカスが原因となってガン化するもので、「一〇〇万人に一人」という珍しい症例だったという。

「抗ガン剤の副作用がすごくて、四〇度を超える高熱や、激しい吐き気に襲われました。このまま死んじゃうんじゃないか、というほどの苦しみ方でした。

でも、少しよくなって、外泊を許可されるたびに主人は深夜の誰もいない時間帯に、（千葉英和高校の）グラウンドを見に行っていました。最初のうちは、帰ってこれるかな、教え子をもっと増やしたいな、と呟《つぶや》いていました。私は、帰れるかな、じゃなくて、帰るって思ってやらなきゃダメよ、と勇気づけました」

だが、最後は、その抗ガン剤治療を断念したという。

「最後は、私一人を残して死んでしまうけどそれでもいいかな、という意味で、もう治療しなくていいかな、って主人は私に聞いてきました。痛みをやわらげるのだけでいいかな、って言うんです。一年間、主人の闘病を見てきたんで、本当に、私は、死ぬほど頑張る、っていうのはこういうことを言うんだなって思っていました。私は、あなたが頑張ったのを見てきたから、そして、わかってるから、ありがとうね、と言いました。主人は、それでも、君を一人残していくことになる、ごめんね、ごめんね、って……」

亡くなる約三週間前の一二月下旬、退院した小沢は、深夜、もう一度、千葉英和のグラウンドを訪ねている。小沢はこの時、ひと言も言葉を発さず、ただじっと、土のグラウンドを見つめていたという。小沢は一月一五日早朝、いちばん好きだった自宅の居間で、眠るように息を引き取った。

「主人は、早実野球部のことを死ぬまで本当に愛していました。あの人は甲子園での準優勝のメダルを見せてくれたこともないし、甲子園の土も持って帰っていません。そういう甲子園での形とかモノには、こだわっていませんでした。私は、だからこそ、甲子園での経験がいかにすばらしいか、そこにいた人にしかわからないんだなあ、って思いました。

本当に野球が好きで、野球に賭《か》けて、駆け抜けていった人生だったと思います。やっぱり違う生き方って、主人には考えられなかったと思う。たとえ命が助かっていたとしても、ユニフォームを着られないあの人の姿って想像できませんから。

妻としてはもちろんユニフォームと関係なく、家の中でもずっと生きていてほしかったと思うけど、小沢章一っていう人生を考えた時に、やっぱり野球なしというのは考えられません。主人が亡くなった年に、早実が優勝したのは、やっぱり運命みたいなものを感じてしまいます」

ここにも早実一〇〇年の歴史を背負う、野球に賭けた男がいたのである。

補欠の思いの「連鎖」

早実の全国制覇を支えたもう一つの主役に、レギュラーを支えた「メンバー外」の選手たちがいる。いわゆる補欠である。

早実一〇〇年の思いとは、補欠選手たちの思いでもある。

野球部の人間にとって、ベンチ入りできるメンバーが発表される時ほど、ある者にとっては嬉しく、ある者にとっては、これ以上つらいものはない。

名門・早稲田実業の野球部は、新入部員が多い時は三〇〇人近くになった時もある。二〇〇人前後は珍しくもなく、一〇〇人を超えているのがあたりまえの時代が長くつづいた。

三日経てば新入部員が半分になっていたなどというのはザラで、厳しいしごきにも耐えて野球部の中で生き残ってきた人間は、それだけで野球エリートであり、ツワモノだった。当然、レギュラー争いは熾烈《しれつ》で、その競争の激しさが、早稲田実業の強さの根源となっていた。

昭和三九年に野球部に入り、四一年度のキャプテンを務めたキャッチャーの坂本公一（五八）は、その競争の激しさについて、こう語る。

「私たちの代は、一二〇人ほど新入部員がいましたが、夏までには半分になりました。人数が多いですから、最初は、辞めさせるためだけにただ走らせているという感じの練習で、ボールにさえ触らせてもらえなかったですね。

残った人間にとって、レギュラー争いをして、登録メンバーを発表される時の緊張感は、なんとも言えなかった。ぎりぎりでレギュラーの番号をもらえなかった奴や、あるいは、ベンチ入りできなかった人間には可哀相で声がかけられなかったですよ」

予選ではベンチに二〇人が入れる。レギュラー番号をもらえなくても、二〇番までに入れば、少なくとも予選のベンチには入れるが、

「でも、大体一八から二〇までは下級生の中で有力な奴が入りますから、三年生では、実質、一六とか一七とかが最後になるわけです。このあたりになると、本当に可哀相なくらい緊張して番号の発表を待ちますよ。僕たちの時は、予選の登録前に直接、和田監督がこれを発表していまし

た。和田さんが監督になったばかりの頃ですが、我々にとっては、それが最も重要で神聖な儀式でしたね。

でも、数からいえば、圧倒的に番号をもらえなかった人が多いわけです。早実野球部の歴史は、そういう無念の思いを持つ人間の積み重ねなんです。早実野球部の伝統というのは、それで成り立っている、と思います」

早稲田実業野球部では、甲子園の土を持って帰るのではなく、逆に自分たちのグラウンドの土を甲子園に撒《ま》くのが習わしになっていた。

それは、実際に甲子園のグラウンドに立つことができない補欠のメンバーや、そして甲子園出場が叶《かな》わなかった多くの先輩たちの思いを「甲子園に届ける」意味を込めたものである。

元野球部長の大森も、

「早実野球部の歴史というのは、補欠の部員たちの歴史でもあるわけです」

と、昭和五三年にあった、こんなエピソードを語る。

「この年、夏の予選の初戦三日前にエースの山岡（靖）が足の魚の目からバイ菌が入って化膿《かのう》し、足のつけ根のリンパが腫れてしまったんです。高熱を発した山岡を、三日三晩、メンバー外の仲間が氷で冷やしつづけました。

でも、結局、山岡の熱は完全には引かなかった。試合中も山岡は、まだベンチでリンパを氷で冷やしていました。初戦の相手は海城《かいじょう》高校だったんですが、リードされ、点差は徐々に開いていったんです。山岡は、仲間の思いに応えようと、どうしても投げさせてくれと和田さんに訴え、最終回にフラフラになりながらも登板したんですよ。ものすごい闘志でした。

そうしたら、今度はナインがそれに応えて九回二死から、五点差を追いついた。そして延長の末に一〇対九で勝ったんですよ。みんなの思いが一つになったあんな試合は初めてでした。壮烈《そうれつ》な試合でした」

メンバー外の仲間の思いがエースを突き動かし、そして奇跡のような逆転劇を生んだのである。この時のことを山岡靖（四六）は、『早実野球部史』にこう記述している。

〈ベンチ入りしてなかった同僚が、その3日間寝ずの看病をしてくれた事は、一生忘れる事の出来ない思い出です。（略）5点の差がついた8回裏に、私は、〝もう負けた！〟と思い、〝最後のゲームに出たい！〟と申し出て、マウンドに立たせて貰《もら》いました。1球1球ごとに苦楽を共にしてきた同僚に謝りながら投げ込みました。

〝奇跡〟という言葉がありますが、その奇跡が起きたのです。9回2アウトから5点を取り返して同点として延長戦で勝つという、自分自身でも信じられないことが……（略）

各自が目的を持ち、いろいろな思いが交錯する勝負の世界で、役割の違いこそあれ、皆が一つの目標に向かって生きる事が出来た。これは〝甲子園〟より大切な事であり、「同僚」は私の大切な宝物であるように思います〉

レギュラーになれなかった複雑な思いを胸に、それでも甲子園へと一丸となって突き進む若者。高校三年の夏の大会、試合が始まった時にグラウンドに立てる選手はわずか九人。しかも一回負けるだけで、すべてが終わる。その儚《はかな》く、同時に激しい闘いの裏には、何十人という若者の思いがある。一〇〇年の歴史と伝統を持つ早実には、試合に出られなかった人間のドラマも、一〇〇年分、蓄積されているのである。

運命の糸

「私自身、早実という名前と伝統で、中京商業と試合をしたんですよ」

中京商業との死闘を演じた老エース、島津雅男はそう語る。それから七五年、気の遠くなるような時間を経て、「早実の悲願」はとてつもなく大きくなっていった。

「全国制覇はもちろん夢でした。優勝という悲願が達成された時は、さすがに万感胸に迫りました。涙が出ましたよ。斎藤君のような立派な投手が早実に生まれたことは、こんなに嬉しいことはありません。和泉君が本当によく頑張ってくれたと思います」

三連覇と早実との因縁になった中京商業との死闘。あの試合に出たメンバーは、島津を除けば両チームで誰一人、存命している者はいない。

島津自身が歩んだその後の人生も数奇なものだった。

早稲田大学を経て昭和一一年、陸軍に入隊した島津は、青島健吉《けんきち》中尉（二九）が上官を務める駒場の近衛輜《し》重《ちょう》兵大隊に所属する。

青島中尉は、二・二六事件で自決し、三島由紀夫の小説『憂国』のモデルとされる人物である。

二・二六事件で反乱部隊に共鳴した青島は、自宅で自ら腹を切り、喉を突いた。新妻（二三）も白装束で夫に殉じている。この時、島津は、青島が運び込まれた陸軍病院の病室の前に部下として歩哨《ほしょう》に立ち、その絶命までを見守っている。

その後、島津は中国戦線に赴き、南京《なんきん》攻略戦や宜昌《ぎしよう》作戦に参加するなど、多くの修羅場をくぐり抜けながら、陸軍大尉として終戦を迎えた。

戦後、母校である早稲田実業や早稲田大学の野球部復興に尽力し、実業団「わかもと」で女子野球の監督を務める一方、昭和三一年からは、学習院大学野球部監督に就任。三三年には、強豪ひしめく東都大学一部リーグで、学習院大学を初優勝に導き、その後、四〇年余にわたり、同大学野球部で監督や顧問を務めるなど、生涯を通じて野球とかかわり続けた。

島津は八一年前、早稲田実業が高松商業に惜敗した時の準優勝の目撃者であり、また二六年前、荒木大輔が準優勝に終わった時の目撃者でもある。その深い皺《しわ》の奥に日本の近代野球の歩みをそのまま刻み込んだ歴史の生き証人なのである。

早稲田実業の全国制覇から約二カ月が経過した平成一八年十月一六日、島津は、後輩たちが持ち帰った深紅の大優勝旗と対面している。

「学校で和泉君と久しぶりに会ったんですよ。優勝旗の置いてある部屋にわざわざ和泉君が案内してくれましてね。島津さんの出た年は何年でしたかねえ、と、優勝旗にさがっている優勝校の帯を和泉君が探してくれたんです。

昭和六年の中京商業の優勝の帯がさがっていました。字も薄く見えにくくなり、色も褪《あ》せていましたが、昔のままの帯で、昭和六、七、八年の中京商業がありました。私もこの手で触らせてもらいましたよ。ああ、あの時も早稲田実業はなかなか甲子園に出られない時期で、一生懸命練習したなあ、と、当時を思い出しました。

今はもう、当時の先輩、同輩、みんないなくなってしまいました。（これに触ることのできた）自分はなんて幸せなんだろう、と思いましたよ。早稲田実業の優勝は、長い間、夢に思い描いていました。後輩たちがやってくれたこと、本当に大したことをやってくれたと、実感しました」

今年九二歳になったこの島津という老エースの存在自体が、早実の長い歴史と悲願を表すものといっていいだろう。あの中京商業との死闘でセカンドを守った本橋精一は戦死し、島津とともに中京商業とのクジを引きに行ったマネージャーの加島平治《かしまへいじ》も戦争で命を落とした。

九死に一生を得ながら、激動の昭和史の中で生きた島津だけが、あの因縁の試合から七五年を経て、この深紅の大優勝旗に辿りつく「運命」にあったのだろうか。糸を引くあのレフト前ヒットで島津が逆転サヨナラ負けを喫した瞬間、すでに七五年後の斎藤佑樹の登場が運命づけられていたのかもしれない。

スポーツの世界では、時に思いもかけぬ偶然や因縁が絡み合って、予想もしていなかったようなことが起こることがある。それは偶然のような気がして、実は当事者たちが想像もしていない運命の糸によるものの場合が、時としてある。

早稲田実業が、百年かかって積み重ねた糸は、ハンカチ王子という類い稀なる好投手を呼び寄せ、開花させた。そして、多くの試練を課しながら、因縁の甲子園三連覇に立ちはだかる運命を与え、ついに奇跡の全国制覇を成し遂げさせたのである。

エピローグ

バスが近づいてきた。

雑踏の中に故和田明の兄、勇の姿があった。

「ひと言、お礼を言いたくて……」

勇は、そういうと「弟の代わりに」という言葉を呑《の》み込んだ。いうと、また涙が溢《あふ》れるかもしれない。

平成一八年八月二二日。

この日は二十四節気の一つ「処暑《しょしょ》」。暑さが止み、朝夕、涼風が吹き始めるとされる日である。

だが、東京都国分寺市の早稲田実業には、前日、全国優勝を成し遂げたばかりの野球部を迎えようと、約三〇〇〇人の関係者やファンが詰めかけ、むせ返るような熱気に包まれていた。

東京駅を出発したバスが、やっと学校に到着したのは、午後四時過ぎのことである。

バスが見えると、沿道から一斉に拍手と歓声が湧き起こった。

勇は、校門から道路を隔てた向こう側にいた。警察官が群衆を整理する騒然とした中で、一人、たたずんでいた。勇は、ひと言お礼がいいたかったのだ。

「明の代わりに、彼らを迎えてあげたかったんです。学校の中には入れませんでしたが、感謝の気持ちだけでも伝えたかった。一時過ぎから、待っていました。何度、国分寺駅との間を往復したかわかりません。

バスの前のほうに座っていた和泉監督と一瞬、目が合ったような気がしました。その時、心の中で明の代わりにお礼を言わせてもらいました……」

バスの中には、多くの人が詰めかけていることに驚いたナインの顔、顔、顔があった。勇は幸いにも一瞬だけ、和泉の顔を見ることができたのだ。

その時、心から、本当にありがとう、お疲れさまでした、といえたという。勇は、早稲田実業の監督がいかに大変な仕事であるかを知っている。いや、生前の弟の後ろ姿、そしてその言葉を知る勇は、その大変さを最も理解している一人といっていいだろう。

勇は心の中で、一瞬だけでも、弟の代わりに和泉にお礼とねぎらいの言葉が言えたことで、満足だった。バスが校内に入っていくのを見届けると、勇はその場から去っていった。

祝勝会はその後、学校関係者のみで校内ラウンジで開かれた。和泉はその場で、

「八八回目でやっと悲願の優勝を果たすことができました。第一回大会から先輩が流してきた悔し涙が後押ししてくれました。応援、本当にありがとうございました」

と、挨拶した。和泉は、この時、万感の思いだったに違いない。

名門・早稲田実業の監督。和泉も、恩師・和田と同じ苦しみを味わっている。

斎藤を擁して、早稲田実業は、この平成一八年に春夏連続出場を果たし、春はベスト八、夏は

ついに全国制覇を成し遂げた。

しかし、平成四年の監督就任以来、和泉は平成八年に一度だけ甲子園出場を果たすものの、成績は振るわず、いつしか「監督交代」の声が聞かれるようになっていた。

早稲田実業が早稲田大学へ全員入学できるようになり、入学試験の難易度はますます高まっていた。国分寺移転と同時に女子学生も受け入れるようになった同校は、かつて有力選手たちが集《つど》った商業科も廃止している。いつしか入試の難易度も、早稲田大学の附属高校である早稲田学院と早稲田本庄高校を上回るほどの難関校となっていたのである。

推薦入学制度を利用して入ってくる野球部などの生徒も、まず中学での「評点」が高くなければ、狭き門を突破することができなくなった。

入学を確約できないことは、それが有力選手であればあるほど、ライバル校の「一本釣り」を許す結果となる。有力選手を思うように集められない悲哀を和泉は常に感じていた。

しかし、OBや関係者は、その末の「不振」でも、許すことはできなかった。

なぜなら、早稲田実業は、「それでも勝たなければならない」宿命を負った野球部だからだ。

実際に、監督交代への動きも顕在化していったのである。

和泉監督の髪の毛が急に白くなった――まだ四〇代前半の和泉にそんな心配の声が飛んだこともある。和泉もまた、恩師・和田が味わった同じ苦悩の中で、のたうちまわっていたのである。

宿願の全国優勝を遂げたインタビューで、

「八八回待ちました。その歴史で勝てました。先輩たちが流してきた悔し涙を、語っている。たしかに、
といった和泉は、祝勝会の場でも、先輩たちが流してきた悔し涙を、語っている。たしかに、

早実の長い歴史がなければ、これほどの全国優勝への熱い思いはなかっただろう。そして、その伝統がなければ、斎藤が群馬からわざわざ早実の門を叩くこともなかったし、そもそも斎藤の近くに、遥か遠い東京の早稲田実業への「人脈」も存在しなかっただろう。

そして、決勝戦前夜の土壇場で威力が発揮された鍼《はり》治療にしても、伝統とOBの力があればこそ、あの場に存在したことは間違いない。

あらゆる意味で、奇跡の全国制覇の裏には、早実野球部の伝統と歴史が顔を覗《のぞ》かせている。

そして、その伝統を支えた故和田明もまた、和泉に〝遺言〟を残していたというのである。

「私は、自分たちが優勝できたのは、もう一つ、和田さんの遺言のおかげだと思っているんです。〝全国を獲る〟ことができたのは、大森先生から、和田監督の言葉を聞いていたからです」

と、和泉は語る。

和田の〝遺言〟を和泉に伝えたという大森はこういう。

「和田さんは、一度だけ全国優勝に王手をかけたことがあります。昭和五五年、一年生投手の荒木大輔を擁して、横浜高校との決勝戦に臨んだ時です。しかし、結果は四対六で敗れ、準優勝に終わりました。

和田さんはその時、荒木がまだ一年だから、また甲子園には来られるだろう、と考えていたと思います。事実、荒木は五季連続甲子園に行きましたからね。でも、和田さんは頭のいい人だったから、甲子園には来れても、この決勝という場には本当に来られるだろうかということが、瞬時にわかっていたんだと思う。

だからあの時、勝たなければならなかった。時間が経って、和田さんはチャンスは二度はない、ということを私に何度も言うようになりました。私と飲むたびに〝大森さん、あの時、勝てたよね。勝ちたかったよね〟と繰り返すんです。チャンスは一度しかない、それは必ずモノにしなければならないんだ、ということなんです。和田さんは、何度も何度も私に言いましたよ。私は、そのことを和泉君に伝えたんです」

和田は、一年生投手を擁して大会ナンバー・ワン左腕愛甲猛の横浜高校を相手に戦う時、「なにがなんでも優勝」という意識を植えつけては、勝てるものも勝てなくなってしまうと考えたに違いない。それをいえば、選手たちのプレッシャーになり、圧迫になると考えたのだろう。

深謀遠慮の指揮官・和田が、できるだけ平静に、普段通りの態度を貫き、試合にリラックスさせて臨ませるために選手に「なにがなんでも優勝」という意識を持たせなかったことは、ある意味、当然だったのかもしれない。

しかし、このことを和田は、のちのちまで悔やんでいたのだ。チャンスは二度はない。石にかじりついてでも優勝するという激しい闘志で、決勝戦という大舞台では戦わなければならなかったのである。

和泉は、これを和田の遺言と受け取った。和泉は、大森が野球部長時代の野球部員である。和田と大森、両方の愛弟子だ。

チャンスは二度と訪れない――。

和泉は、それほど「全国を獲る」ことが大変であることを、大森を通じて「和田の遺言」として心に刻み、あの決戦に臨んでいたのだ。だから和泉は、選手の力を鼓舞する意味で、ずっと東京に優勝旗を持って帰ろうと言い続けた。

「和田さんは、大森先生を通じて、しがみついてでも取りに行け、次のチャンスはないんだぞ、ということを教えてくれました。決勝まで来たんだからいいや、じゃなくて、私たちは勝たねばならなかった。だから、僕はこの夏、決勝戦に、なにがなんでも優勝、と思って臨みました。

決勝戦は、どちらかというと駒大にウチが挑戦するというチャレンジャーの立場でした。それが引き分けて再試合になったら、どうしても、早実、よくやった、という空気が流れます。でも僕は、生徒にとっては大変だったかもしれないけど、その空気だけはチームに伝染させたくなかったんです。僕がいちばん恐れたのは、それです。

和泉よくやったよ、という空気のままで次の試合に入ってしまうと、戦いではなくなってしまう。だから僕は絶対勝つ、絶対に東京に優勝旗を持って帰る、ということを言い続けた。これまで夏にずっと勝てなかった早実の思いをぶつけるのは、ここしかないと思ったんです」

あと少しで悲願に手が届かなかった恩師・和田の無念を、和泉は胸に秘めていたのである。

「僕にとってそれが、和田監督の遺言でした」

和泉はもう一度、そういった。

和田が荒木大輔に出会ったように、和泉は斎藤佑樹に出会った。そしてついに、優勝できるチャンスをつかんだ。早実野球部一〇〇年の宿願を果たすのは、今しかない。俺たちは勝つんだ、という思いを前面に押し出して、早実ナインは戦い抜いたのである。

「先生、優勝しました！」

大森と和泉の電話がつながったのは、優勝を果たした決勝再試合の夜八時頃のことである。

「和泉君、これで僕の役目は終わったよ」

大森は、和田の遺言を伝えたことで、自分の役割が終わったことを和泉に告げた。

「和泉君が、八八回待ちました、その歴史で勝てました、と言った時、ああ、こういう気持ちでやってくれたんだ、と思いました。和田さんの無念の思いを和泉君がわかってくれて、その気持ちを子どもたちに伝えてくれていたんです。今は、和田さんの思いを和泉君に伝えることができて、僕自身の責任も果たせたと思っています」

と、大森はいう。

結婚して玉置姓となり、今は岐阜県内に住む、その和田の長女・光代《みつよ》（三九）は、決勝戦の日、三塁側アルプススタンドに夫とともに駆けつけていた。

亡き父が命をかけて目指した早実全国優勝の瞬間をこの目で見るためだった。

六つになる長女を大阪の叔母の家に預け、光代の腕には、二歳九ヵ月の長男が抱きかかえられていた。暑さを避けるため、光代は、アルプス席の壁に掲げられた早実の大横断幕「去華就実《きよかしゆうじつ》」のすぐそばにいた。

その横断幕で日陰をつくり、氷で冷やしたタオルを息子の首に巻き、暑さから守りながら光代は、試合を見た。

「父が指揮を執《と》ったあの二六年前の横浜高校戦を思い出しました。あの時、まだ中学生だった私は一塁側にいました。急に駆けつけたんで、早実の三塁側の切符がとれず、横浜の一塁側内野席から試合を見たんです。

でも、そのおかげで、ベンチで指揮をとる父の姿や、荒木さんや小沢さんの姿がよく見えました。父がなんだか大きく見えました。早実は今回も同じ三塁側だったので、あの時とオーバーラップしてしまいました。あの時、試合は、横浜高校に負けましたが、悔しいというより感動のほうを覚えています。

父は甲子園が終わって東京へ戻り、夜、やっと家に帰りついた時、家に入るなり、ああ悔しかった、勝ちたかった、と言ったんですね。父は普段、そういうことを言わない人だったんで、その時、驚きました。私は、父を、勝ち負けとかを超越している人だと思っていたのに、やっぱり父は勝負師だったんです。

今回、父と幼なじみの江口（昇）コーチは、父の写真をポケットに入れて、甲子園に来て（試合前の）ノックをしてくれたそうです。やはり、優勝した時は、胸がいっぱいになってしまって……」

優勝した瞬間、光代は、眩《まぶ》しいほど白くなっていた灼熱《しゃくねつ》の甲子園のマウンドが涙で霞《かす》んで見えなかった。

「優勝校、西東京代表、早稲田実業学校高等部」

後藤貴司主将が、悲願の深紅の大優勝旗を手にした時、光代の腕の中で、二歳の息子は母の頬《ほほ》を伝う涙を、ただ不思議そうに見つめていた。

あとがき

東都大学リーグで通算五〇〇勝の金字塔を打ち立てて勇退した駒澤大学野球部の前監督、太田《おおた》誠《まこと》氏（七〇）から、島津雅男氏の存在を初めて聞いたのは、平成一七年秋のことである。

「島津さんには、ぜひ、話を伺っておいたほうがいいよ」

かねて親しくさせていただいている太田氏は、熱心に私にそう勧めてくれた。

それがきっかけで、私は九二歳になる島津氏を紹介してもらい、戦前戦後の知られざる野球について、いろいろと教えてもらう機会を得た。

年齢からは想像もできないほど記憶が鮮明な島津氏は、自身から見れば取るに足らない若僧に過ぎない私に、さまざまな昔話を語ってくれた。

齢《よわい》を重ねれば、通常、話は大きくなったり、時に史実と合致しないことも出てくるものである。しかし、島津氏は、その温厚な人柄をそのまま表した話しぶりで、私の質問に淡々と答え、しかもこちらが恐縮するほどの控えめな表現で、過去の出来事を私の目の前で蘇《よみがえ》らせてくれた。

本文でも触れたように、終戦時、陸軍大尉でもあった島津氏の話は、野球に限らず、自身が遭遇した二・二六事件から南京攻略戦、そして東京大空襲や終戦前後の混乱時の話など、多岐にわたる。

新たに知る歴史の真実に、私は圧倒され、時に目眩《めまい》がするかのような錯覚にとらわれたものである。

その貴重な歴史的証言の数々は、また稿を改めてご紹介させていただきたいと思っている。島津氏の話の中で、青春のひとコマというには、あまりに壮絶で、またあまりに過酷な体験が甲子園での七五年前の中京商業との闘いである。

勝った側の中京商業のメンバーでさえ、「死線を越えた」と表現するほどの激闘の末、中京商業のあの三連覇はスタートしたのである。

そして、七〇年余の「時」を越え、平成一八年にその不滅の大記録「三連覇」に北の強豪・駒大苫小牧が王手をかけた。

さまざまな面で苦しみ抜いた駒大苫小牧が、三連覇達成の決勝戦に進出してきたこと自体、それは奇跡だったろう。

しかし、私は、その最後に立ちはだかったのが、早稲田実業だったことに、単なる驚き以上の運命的なものを感じていた。

実は、第八八回全国高等学校野球選手権大会が始まる時、今年の甲子園は、ひょっとしたら、駒大苫小牧と早稲田実業の決勝戦になるのではないか、と考えてみたことがある。

しかし、そんなことがあり得るはずがない、と私は頭の中で打ち消していた。

七五年前に「三連覇」をスタートさせた学校が、そして、その無念の思いを今も証言する人間を持つ伝統校が、その「三連覇」を阻む最後の学校として登場してくるなどというのは、あまりに出来すぎている。そんなことは現実に起こるはずがない、と思ったのである。

だが、苦しみながらも大会を勝ち進む駒大苫小牧と、ハンカチ王子の呼び名で絶大な人気を生み始めた斎藤佑樹投手擁する伝統校早稲田実業が、なぜか組み合わせ抽選のたびに、相手を避けるかのように別れ、ともに勝ち進んでいった。

そして、両者は、ついに決勝で激突し、さらに延長再試合の球史に残る死闘を演じた。

その裏で演じられたドラマは、本文でご紹介したとおりである。

そしてその結果、辿《たど》り着いたスコアが、七五年前と同じ「四対三」だったことに、運命論者でもない私が、思わず「まさか」という言葉を繰り返すことになる。

私は斎藤君に一つだけ質問が許されたら、このことだけは聞きたい、と思っていたことがある。

それは、早稲田実業が優勝を決め、歓喜の中で校歌を歌い、そしてアルプス席に向かって走った時、斎藤君の目に突然溢れだした涙について、である。

あの涙は何だったのか。

その質問を斎藤君にした時、返ってきた答えは、私が予想していたとおりのものだった。

それは、やはり「鬼」と化した人間が、もとの心優しい普通の「青年」に戻った瞬間の涙だったのである。

秋の気配がやっと漂い始めた平成一八年九月下旬、長時間のインタビューに答えた斎藤君は、決勝戦に至るまでの道程、苦しみ、喜び、あるいはエピソードを、あるがままに語ってくれた。

その斎藤君の口から最も多く出たのは、

「運命」

という言葉だった。

優勝を決める瞬間の駒大苫小牧・田中将大君との対決をも、斎藤君は「運命」と表現した。

現代の若者には珍しいほど繊細な内面を持ったこの青年は、しかも、それを表現するだけのさまざまな「言葉」を持っていた。

そのすべては、本文で描写させてもらった。果たして、さまざまな敗戦を経て、斎藤君が、鬼と化すことも運命だったのだろうか。

幕末の思想家、吉田松陰《よしだしょういん》には、死を前にして牢獄で書き残した「留魂録《りゅうこんろく》」がある。

愛弟子たちに切々と訴えかけるこの遺書の中で、松陰は、人生には四季の循環があることを説いている。

人生にはおのずと四季がある。長くとも短くとも同じだというのである。

たしかに、早稲田実業一〇〇年の歴史にも四季があり、斎藤君が歩んだこの「鬼」としての一年余にも、同じように四季があったことを痛感する。

私は、斎藤君が歩んだ全国制覇までの一年余の四季を「挫折」「覚醒」「鬼神」「咆哮」とし、早稲田実業野球部の創部一〇〇年の苦闘の歴史も四つに分けて描かせてもらった。

取材を進める内に、これまで長い間、全国制覇をすんでのところで逃しつづけてきた早稲田実業が、斎藤君という存在を得て初めてその宿願を果たすことが「運命」であり、同時にそれが「必然」であったのだと思えるようになった。

おそらく、斎藤君が早稲田実業の門を叩くことも、その前にさまざまな強豪が立ちはだかることも、きっと偶然ではなかったのだろうと思う。

運命と必然——その二つがあやなす壮絶なドラマの末に早稲田実業の全国制覇という奇跡は成し遂げられたのである。

斎藤君は、この鬼と化した一年を、将来どう振り返るのだろうか。

一〇年、いや二〇年、さらにもっと経った時に、斎藤君が、長い人生の中で一七歳から一八歳にかけて、何かに憑《つ》かれたように鬼となって挑んだ闘いの数々をどう振り返るのか、私は将来、ぜひ、聞いてみたいと思っている。


本稿の取材、執筆の過程で、私は多くの方々にご協力をいただいた。

早稲田実業野球部の「一〇〇年の思い」とは、実は高校野球に生涯を賭《か》けた人々すべてに共通する思いである。早実野球部を描くことによって、私は、現代に残された妥協を許されない究極の「勝負の世界」に生きる人々の姿と情熱、そしてその哀歓を描かせていただいたつもりである。その作業に多忙の中、多くの関係者が貴重な時間を割いてくれた。ここに取材にご協力いただいた方々の名前を挙げさせていただき、厚くお礼を申し上げる次第である。

荒川博、荒木大輔、和泉実、井上勇人、江口昇、王貞治、大森貞雄、大矢明彦、小倉全由、小沢麻利、上福元勤、神田雄二、香田誉士史、後藤貴司、小柳竜巳、小山寛陽、斎藤しづ子、斎藤佑樹、坂本公一、佐々木慎一、島津雅男、白川英聖、醍醐猛夫、高屋敷仁、田北和暁、武石英三、武石周人、田中将大、田中洋平、田辺佑介、田野倉利男、玉置光代、田村利宏、鶴岡伸

光、檜垣皓次朗、船橋悠、堀江康亘、本間篤史、前田拡昭、宮井勝成、宮澤政信、脇坂美加、和田勇（敬称略　五十音順）

また、本稿完成までの時間が短く、多くの障壁が目の前に立ちはだかったのも事実である。その障害を一つ一つ取り除き、この原稿を最後まで完成に至らせてくれたのは、講談社学芸図書出版部の山中武史氏の力である。

進学校として有名な兵庫県・灘高校の野球部出身の山中氏は、高校時代、故和田明監督時代の早稲田実業と練習試合をさせてもらった経験があり、以来、早稲田実業野球部に強い思い入れを持つ編集者である。山中氏の熱意と支援がなければ、この本はおそらく完成にこぎつけることができなかったに違いない。

鋭い分析と批評で叱咤《しった》激励していただいた同学芸図書出版部長の小沢一郎氏と併せ、心からのお礼を申し上げたい。

なお、本文は原則として敬称を略させていただいたことを付記する。

平成一八年一〇月

門田隆将

巻末附録

早実野球部
甲子園全成績

※印は、その試合について本文で触れているページを指します

夏

全国高等学校野球選手権大会

出場27回　通算37勝26敗１分
優勝１回　準優勝２回

第１回大会から出場（当時は関東代表）。出場回数27は北海、松商学園の33、平安の29についで全国４位、通算勝数37は全国７位。荒木大輔を擁した第62回大会（昭和55年）と第11回大会（大正14年）で準優勝した早実にとって、優勝は創部以来の悲願だった。

第１回大会（大正４年）
○ 準々決勝戦　※p.109
早　　実 000 011 000　2
神戸二中 000 000 000　0

● 準決勝戦　※p.110
早　　実 000 001 000　1
秋 田 中 101 000 01X　3

第８回大会（大正11年）
● １回戦
和歌山中 202 000 004　8
早　　実 000 000 000　0

第９回大会（大正12年）
○ １回戦
横 浜 商 010 000 000　1
早　　実 101 001 11X　5

○ ２回戦
早　　実 011 020 000 02　6
愛知一中 010 102 000 00　4

● 準々決勝戦
甲 陽 中 005 000 001　6
早　　実 000 100 000　1

第10回大会（大正13年）
● ２回戦
早　　実 200 000 201　5
第一神港 221 102 30X　11

第11回大会（大正14年）
○ ２回戦　※p.40
和歌山中 000 000 000　0
早　　実 000 000 01X　1

○ 準々決勝戦　※p.40〜41
早　　実 234 002 000　11
敦 賀 商 020 020 000　4

○ 準決勝戦※p.41
第一神港 030 000 000　3
早　　実 200 101 00X　4

● 決勝戦　※p.41〜42
高 松 商 050 000 000　5
早　　実 000 000 030　3

第12回大会（大正15年）
○ １回戦
柳 井 中 000 000 000　0
早　　実 012 000 00X　3

● ２回戦
静 岡 中 020 101 014　9
早　　実 000 000 101　2

第13回大会（昭和２年）
○ ２回戦
静 岡 中 201 001 000　4
早　　実 003 020 00X　5

● 準々決勝戦
早　　実 015 001 000 000　7
愛 知 商 200 030 110 001x　8

第14回大会（昭和３年）
● １回戦
早　　実 200 001 000　3
鹿児島商 150 000 00X　6

第17回大会（昭和６年）
● １回戦　※p.32〜33 、43〜64 、273〜275
早　　実 000 300 000　3
中 京 商 000 000 112x　4

第18回大会（昭和７年）
○ １回戦（降雨コールドゲーム）
早　　実 120 005　8
秋 田 中 000 001　1

○ ２回戦
和歌山中 000 000 000 00　0
早　　実 000 000 000 01x　1

● 準々決勝戦
早　　実 000 000 000　0
松 山 商 302 200 01X　8

第20回大会（昭和９年）
● １回戦
早　　実 000 002 100　3
桐 生 中 000 011 101x　4

第21回大会（昭和10年）
○ ２回戦
早　　実 000 010 240　7
佐 賀 商 000 000 010　1

● 準々決勝戦

早　　実	000	000	000	0
法政二	200	010	05X	8

第57回大会（昭和50年）

● １回戦

中京商	201	002	000	5
早　　実	000	000	000	0

第59回大会（昭和52年）

○ ２回戦

早　　実	001	000	030	4
桜美林	000	000	100	1

○ ３回戦

柳井商	110	000	000	2
早　　実	040	100	32X	10

● 準々決勝戦

早　　実	100	000	000	1
今治西	100	041	05X	11

第60回大会（昭和53年）

● １回戦

早　　実	000	002	000	2
倉吉北	210	000	00X	3

第62回大会（昭和55年）

○ １回戦　※p.198

早　　実	103	010	001	6
北　　陽	000	000	000	0

○ ２回戦　※p.199～200

早　　実	201	000	051	9
東宇治	000	000	001	1

○ ３回戦　※p.200

早　　実	000	000	011	2
札幌商	000	000	000	0

○ 準々決勝戦　※p.200

早　　実	110	000	010	3
興　　南	000	000	000	0

○ 準決勝戦　※p.200

早　　実	140	030	000	8
瀬田工	000	000	000	0

● 決勝戦　※p.192～195 、200～208

早　　実	100	210	000	4
横　　浜	212	001	00X	6

第63回大会（昭和56年）

○ １回戦

早　　実	000	110	101	4
高　　知	000	000	000	0

○ ２回戦

早　　実	010	000	400	5
鳥取西	000	000	000	0

○ 準々決勝戦

早　　実	300	110	000	5
呉港中	000	000	000	0

● 準決勝戦

早　　実	110	000	100	0	3
育英商	001	000	200	1x	4

第22回大会（昭和11年）

● １回戦

早　　実	000	000	100	1
育英商	010	000	001x	2

第25回大会（昭和14年）

○ ２回戦

早　　実	013	202	020	10
青森中	031	010	000	5

● 準々決勝戦

早　　実	100	000	100	2
長野商	000	000	03X	3

第33回大会（昭和26年）

● １回戦

早　　実	200	021	000	5
都島工	202	300	00X	7

第36回大会（昭和29年）

○ １回戦　※p.116

早　　実	200	030	000	5
小　　倉	000	000	000	0

○ ２回戦　※p.116～117

早　　実	002	000	010	3
米子東	100	000	000	1

● 準々決勝戦　※p.117

早　　実	000	300	010	4
高知商	003	010	001x	5

第38回大会（昭和31年）

○ １回戦　※p.143

早　　実	000	000	002	2
新　　宮	010	000	000	1

● ２回戦　※p.143～147

早　　実	000	000	010	1
岐阜商	100	500	20X	8

第39回大会（昭和32年）

○ 2回戦(王ノーヒットノーラン達成)　※p.153～154

早　　実	000	000	000	01	1
寝屋川	000	000	000	00	0

● 準々決勝戦　※p.154～156

早　　実	100	000	000	1
法政二	002	000	00X	2

第42回大会（昭和35年）

○ ２回戦

赤　　穂	001	000	000	1
早　　実	000	002	00X	2

春
選抜高等学校野球大会

出場18回　通算19勝17敗１分
優勝１回　準優勝１回

第１回大会で準優勝。その後、６回連続初戦負けの時代もあったが、王貞治を擁した第29回大会（昭和32年）で優勝を飾る。出場回数18は全国９位、通算勝敗19は18位。近年は出場から遠ざかり、斎藤佑樹の力投でベスト８まで進んだ平成18年が実に18年ぶりだった。

第１回大会（大正13年）
○ １回戦
松山商 000 000 020 **2**
早　実 010 020 00X **3**

○ 準決勝戦
市岡中 100 000 301 **5**
早　実 130 110 00X **6**

● 決勝戦
高松商 000 100 100 **2**
早　実 000 000 000 **0**

第３回大会（大正15年）
○ １回戦
島根商 000 000 000 **0**
早　実 100 000 00X **1**

● 準々決勝戦
早　実 100 000 000 **1**
柳井中 011 010 00X **3**

第９回大会（昭和７年）
● ２回戦
早　実 000 000 000 **0**
長野商 101 000 00X **2**

第10回大会（昭和８年）
● １回戦
和歌山商 010 001 000 **2**
早　実 000 000 000 **0**

第13回大会（昭和11年）
● １回戦
早　実 000 030 020 **5**
小倉工 000 304 00X **7**

第18回大会（昭和16年）
● １回戦
早　実 000 000 000 **0**
熊本工 000 001 15X **7**

● ３回戦　※p.211
早　実 000 000 310 0 **4**
報徳学園 000 000 013 1x **5**

第64回大会（昭和57年）
○ １回戦
早　実 000 203 025 **12**
宇　治 000 000 000 **0**

○ ２回戦
星　稜 000 010 000 **1**
早　実 003 023 20X **10**

○ ３回戦
早　実 210 000 300 **6**
東海大甲府 100 110 000 **3**

● 準々決勝戦　※p.211
早　実 000 002 000 **2**
池　田 230 002 07X **14**

第78回大会（平成８年）
○ １回戦
近　江 000 100 000 **1**
早　実 100 212 00X **6**

● ２回戦
早　実 010 000 020 **3**
海　星 000 020 002x **4**

第88回大会（平成18年）
○ １回戦　※p.223〜225
早　実 112 012 042 **13**
鶴崎工 000 000 010 **1**

○ ２回戦　※p.225〜227
早　実 104 001 032 **11**
大阪桐蔭 002 000 000 **2**

○ ３回戦　※p.228
福井商 000 010 000 **1**
早　実 000 004 03X **7**

○ 準々決勝戦　※p.228
日大山形 000 002 000 **2**
早　実 100 000 04X **5**

○ 準決勝戦　※p.228
鹿児島工 000 000 000 **0**
早　実 310 000 01X **5**

△ 決勝戦（延長15回引き分け）　※p.228〜249
駒大苫小牧 000 000 010 000 000 **1**
早　実 000 000 010 000 000 **1**

○ 決勝戦再試合　※p.20〜30、249〜262
駒大苫小牧 000 001 002 **3**
早　実 110 001 10X **4**

第49回大会（昭和52年）

○ 1回戦

瀬戸内	000	000	000	0
早実	003	000	02X	5

○ 2回戦

早実	000	110	010	3
育英	100	000	000	1

● 準々決勝戦

早実	020	000	000	2
智弁学園	003	000	10X	4

第50回大会（昭和53年）

○ 1回戦

柳川商	000	100	000	1
早実	200	100	00X	3

● 2回戦

浜松商	010	000	121	5
早実	200	011	000	4

第53回大会（昭和56年）

● 1回戦

早実	100	001	000	2
東山	000	002	04X	6

第54回大会（昭和57年）

○ 1回戦

早実	000	300	000	3
西京商	000	000	001	1

○ 2回戦

早実	200	010	000	3
岡山南	000	000	000	0

● 準々決勝戦

横浜商	000	000	201	3
早実	000	010	000	1

第60回大会（昭和63年）

● 2回戦

津久見	101	000	002	4
早実	000	000	000	0

第78回大会（平成18年）

○ 1回戦

早実	320	100	010	7
北海道栄	000	000	000	0

△ 2回戦（延長15回引き分け） ※p.168

早実	000	021	301	000	000	7
関西	001	010	203	000	000	7

○ 2回戦再試合 ※p.168

早実	001	010	002	4
関西	000	000	120	3

● 準々決勝戦 ※p.169

早実	000	000	300	3
横浜	204	070	00X	13

第20回大会（昭和23年）

● 1回戦 ※p.107

神戸二中	000	000	101	2
早実	000	001	000	1

第25回大会（昭和28年）

● 1回戦

早実	000	000	000	0
土佐	102	021	00X	6

第26回大会（昭和29年）

○ 2回戦 ※p.116

早実	010	002	003	6
天理	000	000	000	0

● 準々決勝戦 ※p.116

早実	000	001	000	1
泉陽	010	020	00X	3

第29回大会（昭和32年）

○ 2回戦 ※p.151

早実	000	010	000	1
寝屋川	000	000	000	0

○ 準々決勝戦 ※p.151

早実	001	020	010	4
柳井	000	000	000	0

○ 準決勝戦 ※p.151〜152

早実	040	200	000	6
久留米商	000	000	000	0

○ 決勝戦 ※p.151〜152

早実	210	020	000	5
高知商	000	000	030	3

第30回大会（昭和33年）

○ 2回戦

御所実	100	100	010	3
早実	010	300	00X	4

● 準々決勝戦

早実	000	221	000	5
済済黌	300	000	22X	7

第35回大会（昭和38年）

○ 1回戦

早実	001	003	001	5
岡山東商	000	102	000	3

○ 2回戦

早実	010	000	002	3
小倉工	000	200	000	2

○ 準々決勝戦

早実	011	031	000	6
呉港	000	010	200	3

● 準決勝戦

早実	020	004	010	7
北海	000	130	103x	8

写真
カバー／共同通信（裏)、福山友貴子（袖）
口絵／霜越春樹（１p)、島津雅男氏提供（２p)、日刊スポーツ（３p上)、
共同通信（３p下)、福山友貴子（４p）
本文／共同通信（19p)、「アサヒ・スポーツ」昭和６年８月30日号（31p)、
早実野球部史（97p)、日刊スポーツ（123p、139p、167p)、産経新聞（191p)、
時事通信（213p、263p）

門田隆将　(かどた・りゅうしょう)
ジャーナリスト。
1958年、高知県生まれ。中央大学法学部卒。
雑誌メディアを中心に、政治、経済、司法、事件、歴史、
スポーツなど幅広いジャンルで執筆を行う。
著書に、『裁判官が日本を滅ぼす』(新潮社)、『甲子園への遺言』(講談社)がある。

ハンカチ王子《おうじ》と老《ろう》エース　**奇跡《きせき》を生《う》んだ早実《そうじつ》野《や》球部《きゅうぶ》100年物語《ねんものがたり》**
2006年11月13日　第1刷発行

著者——門田《かどた》　隆将《りゅうしょう》

発行者——野間佐和子　**発行所**——株式会社講談社
東京都文京区音羽2-12-21　郵便番号112-8001
☎ 東京　03-5395-3522(出版部)
03-5395-3622(販売部)
03-5395-3615(業務部)
印刷所——慶昌堂印刷株式会社　**製本所**——黒柳製本株式会社
定価はカバーに表示してあります。

ISBN4-06-213684-8　N.D.C.914　294p　20cm